इनरलाइन पास

ओम पर्वत और आदि कैलास यात्रा के रोमांचक क़िस्से

इनरलाइन पास

उमेश पंत

हिन्द युगम

ISBN: 978-93-84419-56-1

प्रकाशक :
हिंद युग्म
सी-31, सेक्टर-20, नोएडा (उ.प्र.)-201301
फ़ोन- +91-120-4374046

मुद्रक : मनीपाल टेक्नोलॉजीज लिमिटेड
आवरण एवं भीतरी छायाचित्र : उमेश पंत, रोहित जोशी
कला-निर्देशन : विजेन्द्र एस विज

पहला संस्करण : दिसंबर 2016
पाँचवाँ संस्करण : दिसंबर 2024
मूल्य : ₹249

Innerline Pass
(A travelogue by *Umesh Pant*)

Published By
Hind Yugm
C-31, Sector-20, Noida (UP)-201301
Phone- +91-120-4374046
Email- sampadak@hindyugm.com
Website- www.hindyugm.com

First Edition: Dec 2016
Fifth Edition: Dec 2024
Price: ₹249

ये यात्रागोई समर्पित है

ज़िंदगी की यात्रा के अहम हमसफ़र माँ, पापा, दीदियों, भाइयों और आस्था के लिए

सफ़र के साथी रोहित जोशी, मोहन भाई और सफ़र में हमारे रहने-खाने का इंतज़ाम करने वाले अशोक दा के लिए

और इस यात्रा में मिले उन तमाम अजनबियों के लिए जो कैमरे और ज़ेहन की तस्वीरों में अब भी ताज़ा-ताज़ा क़ैद हैं

सफ़र से पहले

अपनी आदि-कैलास और ओम पर्वत की यात्रा के क़िस्से लिखने बैठा तो क़रीब बयालीस हज़ार शब्दों का सफ़र तय हो गया। पिछले कई दिनों से मैं लगातार अपनी उस यात्रा को फिर से जीने की कोशिश कर रहा था जिसमें जीवन और मृत्यु के बीच कितनी महीन रेखा होती है यह बहुत क़रीब से महसूस किया। बिना टैंट, बिना आग और बिना खाने के, एक रात ऐसे जंगल में बिताई जहाँ तापमान शून्य या उससे नीचे जा रहा था और यह यात्रा एक 'सर्वाइवल' की कहानी बन गई।

अपने जीवन की अब तक की सबसे यादगार यात्रा को फिर से जीने के क्रम में अपने शब्दों के ज़रिये आपको एक यात्रा पर ले जाना चाहता हूँ। ऐसी यात्रा जो आपमें से ज़्यादातर के लिए एकदम नई और रोचक होगी।

यह यात्रा जहाँ से शुरू होती है वहाँ शंकाओं और सवालों का एक ढेर पड़ा था। ऐसा ढेर जो लगातार आपकी चेतना को सोखता रहता है। ख़ुशी, सेल्फ़ सेटिस्फ़ेक्शन, करियर, टाइम मैनेजमेंट, बैंक बैलेंस, सेविंग्स। तीस की तरफ़ तेज़ी से बढ़ती उम्र के पड़ाव में एक वक़्त आता है जब ये सारी चीज़ें ज़िंदगी के सीधे सपाट रास्ते पर कहीं से जैसे मलबे की तरह आ जाती हैं और आपके सफ़र में अड़चनें पैदा करने लगती हैं। लगने लगता है कि ज़िंदगी में कुछ तो कमी है। पर क्या ? ज़िंदगी का कोई तो लक्ष्य है। पर क्या ? ख़ुशी ? पर यह ख़ुशी मिलती कहाँ से है ? कई सारे सवाल आप सबकी तरह उन दिनों मेरे ज़ेहन में भी हलचल कर रहे थे। इन सवालों के जवाब ढूँढ़ने थे मुझे। पर ये जवाब आख़िर मिलते कहाँ हैं ? तो एक दिन सब कुछ छोड़ के अपनी सारी चिंताएँ कुछ दिनों के लिए अलमारी के लॉकर में डाल दी मैंने और उनसे टाटा, बाय-बाय कहके इन सारे सवालों को अपने बैग में पैक कर लिया। दिल्ली से कहीं दूर उत्तराखंड के पहाड़ों में मुझे इन सवालों के जवाब खोजने का एक ज़रिया मिल ही गया आख़िर।

वही ज़रिया आज 'इनरलाइन पास' के रूप में आपके सामने है।

अठारह दिनों में की इस 200 से ज़्यादा किलोमीटर की पैदल यात्रा के अनुभवों को एकदम बारीकी से लफ़्ज़ों में ढालने की एक कोशिश भर है 'इनरलाइन पास'। यक़ीन मानिए समुद्र तल से 214 मीटर की ऊँचाई (दिल्ली) से समुद्र तल से क़रीब 5000 मीटर की ऊँचाई तक जा पहुँचने में ऐसा बहुत कुछ बदल जाता है जो आपको ज़िंदगी की ख़ूबसूरती और जोख़िमों के तक़रीबन चरम पर लेकर चला जाता है।

इस 'यात्रागोई' के ज़रिये आप दुनियाभर में सबसे ऊँची बसावटों में रहने वाले समुदायों में से 'शौका', 'रंग' समुदाय के मूल निवास दारमा घाटी के कुछ हिस्सों और ब्यांस घाटी की यात्रा करेंगे। जीवन की उस पगडंडी की यात्रा जहाँ न ट्रैफ़िक का शोर है, न वक़्त की मारामारी। नदियों, झरनों, जलधाराओं, पेड़ों, ग्लेशियरों से होते हुए उच्च हिमालय की यात्रा। और उसके समानांतर एक दूसरी यात्रा भी जो मन के भीतर चलती है। इसे ज़रूरतों को लाँघकर, कंफ़र्ट ज़ोन से बाहर निकलकर, जीवन की दुरूहता से जूझने और अपनी क्षमताओं को आँकने की यात्रा भी कहा जा सकता है। या फिर उसे पाने की यात्रा जिसे आप सबसे ज़्यादा चाहते हैं। घुमक्कड़ी किसी ऐसे प्रेमी से मन भर मिल आना है जो आपका कभी नहीं हो सकता। कुछ देर उसे पाकर आपको लौट आना होता है अपनी तल्ख़ सच्चाइयों की तरफ़। पैसा, करियर और दुनियादारी के बंधनों की तरफ़। इन सारे बंधनों को कुछ देर के लिए पूरी तरह भूलकर उस अज्ञात प्रेमी के माथे पर रख दिया गया एक मासूम-सा चुंबन है-घुमक्कड़ी।

यात्राएँ बह जाने के लिए होती हैं। क़दमों को आज़ाद छोड़ देने के लिए और उनके बारे में लिखने में भी बहक जाने से बच पाना मुश्किल है। मैंने महज़ एक यात्री की तरह जो पढ़ा-सुना-देखा वो आपको बताया है। तो यहाँ भूल और चूक दोनों की तमाम संभावनाएँ हैं। इसके लिए माफ़ी नहीं माँगूगा क्योंकि बिना भूल-चूक के यात्राओं में भला क्या मज़ा! बस फिर क्या! बैग पैक कर लीजिए और बन जाइए इस यात्रा का हिस्सा। यह रहा इस यात्रा में शामिल होने के लिए आपका पास। यानी- 'इनरलाइन पास'।

शुभ यात्रा!

उमेश पंत

पड़ाव

घुमक्कड़ धर्म से बढ़कर दुनिया में कोई धर्म नहीं है। धर्म भी छोटी बात है, उसे घुमक्कड़ के साथ लगाना 'महिमा घटी समुद्र की रावण बसा पड़ोस' वाली बात होगी। घुमक्कड़ होना आदमी के लिए परम सौभाग्य की बात है। यह पंथ अपने अनुयायी को मरने के बाद किसी काल्पनिक स्वर्ग का प्रलोभन नहीं देता। इसके लिए तो कह सकते हैं "क्या ख़ूब सौदा नक़द है, इस हाथ ले उस हाथ दे"। घुमक्कड़ी वही कर सकता है, जो निश्चिंत है। घुमक्कड़ी के लिए चिंताहीन होना आवश्यक है, और चिंताहीन होने के लिए घुमक्कड़ी भी आवश्यक है। दोनों का अन्योन्याश्रय होना दूषण नहीं, भूषण है। घुमक्कड़ी से बढ़कर सुख कहाँ मिल सकता है, आख़िर चिंताहीनता तो सुख का सबसे स्पष्ट रूप है। घुमक्कड़ी में कष्ट भी होते हैं, लेकिन उसे उसी तरह समझिए, जैसे भोजन में मिर्च। मिर्च में यदि कड़वाहट न हो, तो क्या कोई मिर्च-प्रेमी उसमें हाथ भी लगाएगा? वस्तुतः घुमक्कड़ी में कभी-कभी होने वाले कड़वे अनुभव उसके रस को और बढ़ा देते हैं- उसी तरह जैसे काली पृष्ठभूमि में चित्र अधिक खिल उठता है।

('घुमक्कड़ शास्त्र' के निबंध 'अथातो घुमक्कड़ जिज्ञासा' में राहुल सांकृत्यायन)

आदि कैलास-ओम पर्वत यात्रा का रास्ता

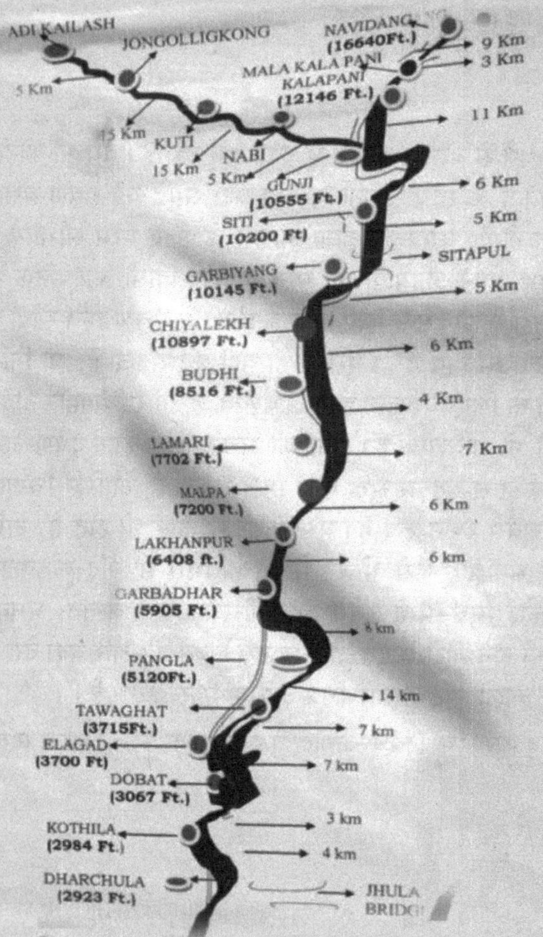

यात्रा मोड

दिन : एक

14 जून 2015

दिल्ली–पिथौरागढ़–धारचूला

जून का दूसरा पखवाड़ा शुरू होने को था। दिल्ली शहर अभी गर्म था। बस कुछ ही देर पहले ट्रैकिंग के लिए ऑनलाइन ऑर्डर किया रकसेक घर पहुँचा। पैकिंग पूरी हो गई थी। अभी कैमरे की अतिरिक्त बैटरी और मेमोरी कार्ड लेना बाक़ी था। पूरी तरह तैयार होकर घर से बैगपैक उठाकर मैं महरोली के अपने कमरे से निकल आया। साकेत के सलेक्ट सिटी वॉक से अपनी पहली कमाई से मैंने अपने लिए यह क़ीमती कैमरा ख़रीदा था। मेरे साथ ही अगले कुछ दिन इस कैमरे के लिए भी विज़ुअल ट्रीट की तरह होने वाले थे।

मैं सलेक्ट सिटी वॉक पहुँचा। वहाँ मैं एक अकेला ही शख़्स था जो इतने भारी बैग के साथ मॉल में घूम रहा हो। सब ख़ुद में गुम थे, मुस्कुराते हुए, बतियाते हुए। किसी को एक दूसरे की ज़िंदगी से कोई ख़ास मतलब नहीं था।

दिल्ली जैसे शहरों की यही बात मुझे कभी-कभी बहुत अच्छी लगती है। यहाँ अजनबी होकर भी जिया जा सकता है। पर कभी-कभी इसी बात से डर भी लगता है। आप कितना ही वक़्त इस शहर के साथ गुज़ार लें यह आपको उसी अजनबियत के भाव से देखता है। लगातार बदल जाते लोगों की नज़रों से। इस शहर ने जैसे अपनी नज़रें ही बंद कर ली हों। आपकी ख़ुशी में, दुःख में, उत्सवों में, मातमों में, यह हर वक़्त एक-सा रहता है। एकदम रूखा और उदासीन। इसे न आपकी भावनाओं में दख़ल देना पसंद है न उनमें शरीक़ होना। पर फिर भी इससे एक बार बना रिश्ता इतनी आसानी से ख़त्म भी तो नहीं होता। यह शहर एक ऐसे प्रेमी की तरह लगता है जिससे एकतरफ़ा प्यार करने को आप अभिशप्त हों।

मैं कई बार चाहता हूँ कि कोई अजनबी मेरी ओर देखकर बस यूँ ही मुस्कुरा दे। बेवजह। पर बेवजह कुछ भी करना जैसे भुला देता है यह शहर। आप यहाँ प्यार भी किसी वजह से करते हैं और नफ़रत तो ख़ैर बेवजह होती भी नहीं। मैं किसी से नफ़रत नहीं कर पाता और किसी बेवजह से प्यार की तलाश में इस शहर से दूर जाना चाहता था। एक महीने के लिए ही सही।

शुक्रगुज़ार होता हूँ कभी-कभी ख़ुद का कि किसी नौकरी की फाँस

में अब तक नहीं बँधा हूँ। वो काम करने के मौक़े मिलते रहे हैं जो अच्छा लगता है। कल का कोई ठीक-ठीक नक़्शा ज़ेहन में अब तक नहीं बनाया है। नक़्शे यूँ भी तो ज़िंदगी को सीमाओं में बाँध देते हैं। कल क्या होगा यह ज़िंदगी का सबसे रूखा और क्रूर सवाल लगने लगता है कभी-कभी। कहीं मेरी यह यात्रा इसी सवाल से मुँह मोड़कर भागने का एक ज़रिया तो नहीं थी?

मैं मॉल की तीसरी मंज़िल में उस जगह की तरफ़ बढ़ गया जहाँ से मैंने क़रीब दो साल पहले यह कैमरा ख़रीदा था। वहाँ जाकर पता चला कि वो शो-रूम अब बंद हो गया है। पहले फ़्लोर पर वापस आकर क्रोमा में जाकर पता किया। बैटरी वहाँ भी नहीं मिली, पर हाँ मैमोरी कार्ड मुझे मिल गया। समय कम था। मुझे आनंद विहार से बस पकड़नी थी। ये वो दिन थे जब उत्तराखंड जाने वालों की भीड़ भी बहुत होती है। बस में जगह मिलना वैसे ही मुश्किल हो जाता है। कई बार 'सीज़न' में तो पाँच बजे जाने वाली बस के लिए दिन के बारह बजे से लोग नंबर लगा के बैठ जाते हैं। दीवाली, होली पर इन बसों में धक्कमपेल के मंज़र कुछ और ही होते हैं। ख़ुशनसीबी यह थी कि यह इतना पीक सीज़न भी नहीं था। मैंने स्टेशन के लिए ऑटो किया। पिछले तीन दिनों से रात को नींद नहीं आई थी। शायद ज़िंदगी के पहले उच्च हिमालयी सफ़र का उत्साह नींद पर भारी पड़ गया हो।

ऑटो से पीछे छूटते शहर को निगाह भर देखा और सोचने लगा कि शहर छूटता नहीं साथ चलता चला जाता है। अपनी अच्छाइयों और बुराइयों के साथ वो धीरे-धीरे हमारे ही भीतर जमा हो जाता है। और फिर हमारे तौर-तरीक़ों में, हमारी भाषा में, हमारे पहनावे में और यहाँ तक कि हमारे रंग-रूप, चेहरे-मोहरे में वो शहर नुमाया होता चला जाता है। शहर का हम पर लगातार चढ़ता जाता यह रंग वक़्त के साथ गहरा, और गहरा होता जाता है। जितना हम शहर में रहते हैं उससे भी ज़्यादा शहर हममें रहने लगता है। हम चाहें या ना चाहें।

जाने से पहले इंटरनेट पर हायर एल्टीट्यूड में ट्रैकिंग के लिए ज़रूरी

ज़रूरियात की एक लिस्ट बना ली थी। उस लिस्ट में से काफ़ी कुछ अब इस रकसेक में शामिल था। जो छूट गया उसे बस छोड़ ही दिया। ज़िंदगी में जो छूट जाता है उसे छोड़ देना ही कई बार समझदारी लगने लगता है। हालाँकि छूटने के बावजूद काफ़ी कुछ बचा-खुचा रह ही जाता है। (ज़रूरत बनकर ही सही)। हम चाहें या ना चाहें।

आनंद विहार पहुँचकर पता चला कि अभी धारचूला के लिए कोई सीधी बस नहीं थी। बस चार से पाँच बजे के बीच आती है। अभी सवा बज रहा था। इतनी देर इंतज़ार करने से बेहतर था हल्द्वानी की कोई बस पकड़ ली जाए और वहाँ से फिर कोई दूसरा साधन करके धारचूला निकला जाए। सामने लगी हल्द्वानी की एक बस में मैंने अपनी एक सीट सुरक्षित कर ली।

आनंद विहार से क़रीब ढाई बजे उत्तराखंड परिवहन की यह बस हल्द्वानी के लिए निकल पड़ी। उत्तराखंड रोडवेज की बसें उन पुराने खंडहरनुमा घरों की तरह हैं जिनमें रहना जैसे यात्रियों की मजबूरी हो। बारिश के मौसम में कई बार यह भी हुआ है कि इन बसों के शीशे तक चटक जाते हैं और फिर यात्री बारिश की फुहारों का मज़ा कम सज़ा लेते हुए बाक़ी का सफ़र तय करते हैं। मैंने भी एक आध बार ऐसे भीगे से, भागे से सफ़र तय किए हैं। पिछले कुछ समय से कई परिचितों से इन बसों में तकनीकी ख़राबी की वजह से होने वाली दुर्घटनाओं के क़िस्से लगातार सुनने को मिलते रहे हैं। पर ये बसें अपनी क्षमता से ज़्यादा बोझा ढोते बूढ़े आदमी की तरह पहाड़ लाँघती जाती हैं। सरकारी अवहेलनाओं की शिकार बेचारी बूढ़ी बसें और इन अवहेलनाओं का दंश झेलने को मजबूर बेचारे यात्री।

रात का क़रीब दस बज रहा था। बस ने मुझे हल्द्वानी बस अड्डे पर पहुँचा दिया था। बस से उतरकर देखा कि युवाओं और कुछ बुज़ुर्गों का सैलाब-सा उमड़ा पड़ा था स्टेशन पर। स्टेशन में कई बसें थी पर सबको किसी एक ख़ास बस का इंतज़ार था। यह रविवार का दिन था। कल सोमवार, यानी अगले छह दिनों के लिए ज़िंदगी के ऑफ़िस मोड में आ जाने के दिन। पहाड़ के अन्य शहरों और क़स्बों की तरफ़ जाने वाली बसों

में पर्याप्त जगह थी, लेकिन दिल्ली जाने वाली जो एक-दो बसें थीं वो लोगों से बुरी तरह पटी पड़ी थी। उन बसों के बाहर अपने बैग लिए लड़के-लड़कियाँ और उनके माँ-बाप की उम्र के लोग जैसे उन भरी हुई बसों में पिल जाने को उतावले हुए जा रहे थे। रात के बारह बजे दिल्ली जाने वाली बसों के बाहर बिखरा यह उतावलापन उत्तराखंड के बारे में एक ख़ास कहानी कह रहा था। उत्तराखंड से तेजी से हो रहे पलायन की कहानी।

मुझे उत्तराखंड की लोक गायिका कबूतरी देवी याद आ रही थी-

'आज पनी ज्यों-ज्यों, भोल पनी ज्यों-ज्यों, पोर्खिन त न्हें जोंला
स्टेशन सम्मा पुजा दे मलय, पछिल वीरान हवें ज्योंल'

(आज और कल जाने की जल्दी में निकल जाएँगे और परसों तो चले ही जाना है। मुझे स्टेशन पहुँचा दे फिर सब वीरान हो ही जाना है)।

पलायन की पीड़ा पर गाया उनका यह गीत पहाड़ के दर्द को बड़ी ख़ूबसूरती से कह देता है।

लेकिन ये (हम) सब लोग वहीं क्यों जाना चाहते थे जहाँ जाकर बार-बार लौट आने का मन होता है? नौकरी, पैसा, घर, बच्चे, बच्चों की पढ़ाई, बच्चों की नौकरी, बच्चों की शादी, बच्चों के बच्चे, बच्चों के बच्चों की पढ़ाई, बच्चों के बच्चों की नौकरी, और इस सब के बीच कहीं अपने आज की मौत और आख़िरकार अपनी भी.. एक अनंत यात्रा जो बिना कहीं घूमे-फिरे, बिना कुछ नया देखे-भाले, बिना किसी नएपन के उसी पुराने ढर्रे में ख़त्म हो जाती है जिसे दुनिया के नब्बे प्रतिशत लोग अपनी ज़िंदगी का अंतिम सत्य मानकर अपनाते रहे हैं, अपनाते रहेंगे..

पहाड़ वालों का दिल्ली जाना, बिहार वालों का दिल्ली जाना, यूपी वालों का दिल्ली जाना.. ये सब उसी ढर्रे की तरफ़ मजबूरन ही सही बढ़ जाने की एक अदृश्य प्रक्रिया है। और सबको दिल्ली जाने को मजबूर कर दिया जाना एक बड़ी पूँजीवादी व्यवस्था को अबूझे-अनजाने आत्मसात कर लिए जाने की एक अदृश्य प्रक्रिया है। एक ऐसी प्रक्रिया जिसके तहत आप अपनी ज़िंदगी किसी कंपनी, किसी फ़र्म, किसी सरकार, या किसी व्यक्ति का नौकर बनकर गुज़ार देंगे। यह करना ही सर्वमान्य होगा। नौकर

बन जाना ही सफल हो जाना होगा। आप एक इंसानी उत्पाद भर बना दिए जाएँगे जिन्हें मुनाफ़े के लिए इस्तेमाल किया जाएगा। आप जिन उत्पादों की निर्माण प्रक्रिया का हिस्सा होंगे उन्हीं उत्पादों को घुमा-फिराकर आपको बेच दिया जाएगा। आप अपने कमाए पैसे अपने या अपने जैसी ही किसी इंसानी उत्पाद के बनाए उत्पादों पर ख़र्च कर देंगे। एक ऐसी जीवनशैली आप ख़ुदपर लाद देंगे जहाँ आप अपनी हैसियत से ज़्यादा ख़र्च करके ही फ़िट हो पाएँगे। आप पर बैंकों के क़र्ज़े चढ़ते रहेंगे और आप अपनी पूरी ज़िंदगी उन क़र्ज़ों को चुकाने में बिता देंगे। ख़ुशी-ख़ुशी या मजबूरन। किसे फ़र्क़ पड़ता है! माने यह कि आप अपनी पूरी ज़िंदगी को ऑफ़िस मोड में डालने को मजबूर हैं। मेरा यात्री मोड शायद इन तमाम लोगों के ऑफ़िस मोड से उकताया हुआ एक शांत विद्रोह ही था।

हल्द्वानी में मुझे याद आया कि मैं अपने फ़ोन का चार्जर घर में भूल आया हूँ। पास ही की दुकान में मुझे चार्जर मिल गया। दुकानदार ने बताया कि अभी धारचूला के लिए कोई बस नहीं मिलने वाली। मुझे रात को वहीं होटल करके रहना होगा। उसने यह भी बताया कि उसके यहाँ भी कमरा ख़ाली है। मैं चाहूँ तो आराम कर सकता हूँ। दिल्ली से आने वाली बस रात के तीन बजे स्टेशन पहुँचेगी। उसी से मैं धारचूला जा सकता हूँ।

मैंने उस दुकानदार की बात को कोई ख़ास तवज्जो नहीं दी और आगे निकल आया। कुछ आगे बढ़ते ही एक टैक्सी वाले ने पूछा कि कहाँ जाओगे? मेरे धारचूला कहने पर उसने कहा-

"बस जा ही रहे हैं... चलो... "

मैं ख़ुश होकर उसके साथ चल पड़ा। गाड़ी में सामान रखते हुए उसने बताया कि वो धारचूला नहीं पिथौरागढ़ जाएगा और वहाँ पहुँचते ही धारचूला जाने वाली गाड़ी में बिठा देगा। मेरे पास उसकी बात को मान लेना ही सबसे बेहतर विकल्प था। अभी-अभी दो झूठ मेरी ज़िंदगी में शामिल हुए थे। यह पहाड़ी हल्द्वानी के व्यावसायिक हल्द्वानी में बदल जाने की एक बानगी भर थी। अपने उत्पाद को बस किसी तरह बेच देना, झूठ बोलना इस बेच देने की प्रक्रिया में कोई गुनाह नहीं था।

गाड़ी क़रीब घंटा भर हल्द्वानी में इधर-उधर सवारी के लिए चक्कर काटने के बाद आगे चल पड़ी। गाड़ी में फौज़ भर्ती के लिए कुछ पैसेंजर मैदानी इलाक़े से आए थे। इन लोगों ने बताया कि अब भर्ती के लिए पहाड़ के लोगों को प्लेन्स और प्लेन्स के लोगों को पहाड़ भेजा जाता है। ताकि किसी भाई-भतीजावाद या फ़र्ज़ीवाड़े से बचा जा सके। ख़ैर ये लड़के रात-भर सफ़र करेंगे और सुबह-सुबह भर्ती में शामिल होकर अपनी फ़िटनेस का प्रदर्शन करेंगे। उनींदे होकर ये कितना फ़िट रह पाएँगे, कितना फ़िट दिख पाएँगे! मैं हल्द्वानी में इंतज़ार करती गाड़ी में बैठा कुछ देर यही सोचता रहा। कुछ देर बाद ख़याल आया कि जब तक गाड़ी नहीं चल पड़ती खाना ही खा लिया जाए। मैं पास के होटल में जाकर खाना खाने की जुगत में लग गया।

कुछ देर बाद हल्द्वानी की रोशनियों को अलविदा कहकर गाड़ी रात के रंग में रंगे पहाड़ों, पेड़ों, पत्तियों और ख़ामोशियों से गुज़रती उस घुमावदार सड़क पर आगे बढ़ गई। ड्राइवर ने टेप पर एकदम तेज़ आवाज़ में गाने बजाए। टेप की तेज़ तरंगें बाहर पसरी घमासान चुप्पियों को तोड़ नहीं पाती थी। सड़क एकदम ख़ाली थी, जैसे इस दुनिया में उतने ही लोग रह गए हों जितने इस टाटा सूमो में समा पाए हों। रास्ते में एक आध कुत्ते-बिल्ली कभी कभी दिख जाते। बीच-बीच में एक आध ट्रकों से हमारी गाड़ी पास लेते हुए आगे निकल आती। यह रात ख़ूबसूरत लग रही थी। जैसे हवा की दरी से शोर की धूल को झाड़कर उसे ख़ामोशियों से धो दिया गया हो।

कुछ आगे बढ़े तो एक मोड़ पर हमारी गाड़ी झटके से रुक गई। सामने एक ट्रक रोड पर तिरछा होकर बेतरतीब-सा खड़ा था। उसने हमारा रास्ता रोक लिया। उस ट्रक से जुड़ा कोई भी दूर-दूर तक वहाँ नहीं था। हमने उतरकर देखा। रोड का मुआयना कर आने के बाद ड्राइवर अपनी सीट पर लौट आया और गाड़ी स्टार्ट करने लगा।

''गाड़ी निकल पाएगी?''

मेरे इस सवाल से उसके आत्मसम्मान को ठेस पहुँची हो।

''दस साल से प्रेस की गाड़ी चला रहा हूँ, रोड की एक-एक नब्ज़

जानता हूँ। कैसे नहीं निकलेगी.. इसका बाप भी निकलेगा।''

उसने पीछे मुड़कर शान से कहा। स्टाइल से गाड़ी स्टार्ट की। एक ओर तिरछा ट्रक था और दूसरी ओर अँधेरे से भी गहरी खाई। एक ज़रा सी ग़लती और गाड़ी खाई में। ड्राइवर ने बड़ी सावधानी से बीच में बची रह गई ज़रा-सी जगह से गाड़ी ट्रक के पार निकाल ली। पीछे के रास्ते से अब बड़ी गाड़ियों का आना संभव नहीं है। बड़ी गाड़ी से आने वालों के पास सुबह तक इंतज़ार करने के सिवा अब कोई चारा नहीं रहेगा। मैंने मन-ही-मन अपने बस से न आने के फ़ैसले के लिए शुक्र मनाया। हमारी गाड़ी आगे बढ़ गई। टेप पर यो यो हनी सिंह रात के सन्नाटे को तोड़ने की भरपूर कोशिश कर रहा था। पर यह पहाड़ी रात का सन्नाटा है। इतनी आसानी से कहाँ टूटता!

साढ़े तीन बजे गाड़ी अल्मोड़ा से कुछ आगे दन्या के पास कहीं रुकी। यहाँ एक छोटी-सी दुकान थी जो अभी भी खुली थी। इसे कोई बूढ़ा आदमी चला रहा था। हमारी गाड़ी के पीछे प्रेस की दो-तीन और गाड़ियाँ थीं जो यहाँ आकर सड़क पर खड़ी हो गईं।

क़रीब पचास साल का यह आदमी रोज़ रात को अकेले ही इस वीरान में इन ड्राइवरों का इंतज़ार करता है। ये ड्राइवर यहाँ आकर चाय-पानी पीते हैं। कुछ देर की नींद पूरी करते हैं। शायद मदिरा-माँस की भी कुछ व्यवस्था अंदर के कमरों में थी। खैनी, रजनीगंधा और सिगरेट के शौक़ भी यहाँ आकर पूरे किए जा सकते थे। निशाचर ड्राइवरों के लिए यह एक अच्छी शरणगाह थी।

पिथौरागढ़ से कुछ चालीस किलोमीटर पहले घाट नाम की एक जगह पड़ती है। यहाँ पुलिस की एक चेक पोस्ट है। रात में गाड़ियों की दुर्घटनाओं को रोकने के चलते घाट के नाके से आगे गाड़ी ले जाना प्रतिबंधित कर दिया गया है। उजाला होने के बाद ही इस पुल को गाड़ियों के लिए खोला जाता है। रात को होने वाले सड़क हादसों से बचने के लिए प्रशासन ने यह नियम बनाया है। तो हमें कुछ देर यहीं इंतज़ार करना था।

हमने चाय पी और ड्राइवर क़रीब आधा घंटा अपनी नींद पूरी करते

रहे। इस बीच भर्ती के लिए आए लड़के जल्दी निकलने के लिए ड्राइवरों को आवाज़ लगाते रहे। कुछ देर बाद ड्राइवर जागे और हमारा थमा हुआ सफ़र एक बार फिर आगे बढ़ा।

पिथौरागढ़ पहुँचने से ठीक दस किमी पहले गाड़ी का टायर पंक्चर हो गया। ड्राइवर ने एकदम चीते की रफ़्तार से स्टेपनी बदली। उसे देखकर ऐसा लग रहा था कि जैसे वो इस काम में अभ्यस्त हो। पंद्रह मिनट में दूसरा टायर गाड़ी में लग गया था। गाड़ी अगले आधे घंटे में पिथौरागढ़ में थी। पिथौरागढ़ को मिनी कश्मीर के नाम से भी जाना जाता है। एक सुंदर पहाड़ी घाटी जिसके बीच एक छोटा पहाड़ी शहर लगातार विस्तार ले रहा है। पिथौरागढ़ का दूसरा नाम सोर घाटी भी है। लेकिन अभी मुझे इस सोरघाटी में ठहरना नहीं था। आज पड़ाव कहीं और था।

पिथौरागढ़ पहुँचते ही ड्राइवर ने अपने वादे के मुताबिक़ मुझे धारचूला जाने वाली प्रेस की गाड़ी में बिठा दिया। धारचूला वाली गाड़ी भी तुरंत चल पड़ी।

क़रीब आधा सफ़र तय करने के बाद इस गाड़ी में भी तकनीकी ख़राबी आ गई। पहाड़ में चलने वाली गाड़ियों को ऐसी तकनीकी ख़राबियों की कमोबेश आदत-सी होती है। गाड़ी के पट्टे टूट गए थे। पहाड़ी गाड़ियों में जब भी ख़राबी आती है तो ज़्यादातर यही सुनने को मिलता है कि उसके पट्टे टूट गए हैं। ये पट्टे कुछ और हट्टेकट्टे क्यों नहीं हो सकते आख़िर... ख़ैर।

एक दुकान में हमें फिर क़रीब एक घंटा इंतज़ार करना पड़ा। मैकेनिक अपने घर से आया, दुकान खोली और फिर उसने गाड़ी के पट्टे बदले। तब जाकर कहीं गाड़ी आगे बढ़ने लायक़ हो पाई।

दिन के क़रीब एक बजे मैं धारचूला पहुँचा। धारचूला में कुमाऊँ मंडल विकास निगम के गेस्ट हाउस में मेरे सफ़र के साथी रोहित और मोहन दा पहले से ही पहुँच चुके थे। मैंने कई बार उन्हें फ़ोन करने की कोशिश की पर उनसे फ़ोन से संपर्क नहीं हो पाया था। बाद में पता चला कि धारचूला में भारत का नहीं, बल्कि नेपाल का नेटवर्क काम करता है और दोनों के

पास स्वाभाविक तौर पर भारत की ही सिम थी।

गेस्ट हाउस पहुँचकर पता चला कि दोनों अपने अपने काम से बाहर गए थे। रिसेप्शन से चाबी लेकर मैं गेस्ट हाउस के अपने कमरे में पहुँचा। कमरा क़रीने से सजा था। खिड़की के ठीक बाहर बहती काली नदी की आवाज़ कमरे तक पहुँच रही थी। नदी के उस पार एक दूसरा देश था जो देखने भर से अपने देश से बिलकुल अलग नहीं लगता। बस सीमाओं का फेर है। इंसान की अपनी सीमाओं ने भूगोल को भी सीमाओं में बाँट दिया है। ये सीमाएँ कितनी ज़रूरी या गैरज़रूरी हैं इसपर सोचने का वक़्त दुनिया के ज़्यादातर लोगों के पास नहीं है।

इनरलाइन पास

दिन : दो

15 जून 2015

धारचूला

होटल के कमरे में पहुँचकर मैं जबतक नहा धोकर तरोताज़ा हुआ मेरे सफ़र का साथी रोहित अपने काम से लौट आया। उसके हाथ में एक माइक और रिकॉर्डर था। कंधे पर कैमरा लटका हुआ था। आँखों में चश्मा। उसे बीबीसी हिंदी के लिए एक स्टोरी करनी थी। आपदा के ठीक दो साल बाद धारचूला की स्थितियों और वहाँ के कारोबार में उसके प्रभाव पर।

'आपदा', हिंदी का यह कम उपयोग में आने वाला शब्द धारचूला ही नहीं, बल्कि उत्तराखंड के ज़्यादातर इलाक़ों में अब आम-बोलचाल में शामिल हो गया है। पहाड़ यूँ तो सालों से कई वजहों से अपने भीतरख़ाने दरकते रहे हैं, लेकिन मीडिया वर्चस्व के इस दौर में, खासकर हिंदी मीडिया ने इस शब्द को भाषा की क़ैद से निकालकर एकदम आम कर दिया। 2013 में आई आपदा के निशान धारचूला पहुँचते-पहुँचते एकदम ताज़ा से हो जाते हैं। आपदा के दौरान बह गया जौलजीबी का पुल अब तक नहीं बन पाया है। भारत-नेपाल व्यापार की इस अहम धुरी में उस पुल का न होना ठीक वैसा ही है जैसे कई सर्द दिनों के बाद भी सूरज नदारद रहे और ठंढ लगातार बढ़ती जाती हो। इस पुल के न होने का कोई विकल्प नेपाल के कई रवासियों के पास नहीं है। कई जो अपनी आजीविका के लिए इसी पुल पर निर्भर थे वो अब रस्सियों के सहारे घिर्री पर चल रही ट्रॉली से पुल पार कर रहे हैं। दो देशों के छोरों को जोड़ती आसमान पर झूलती इस रस्सी के ठीक नीचे हमेशा ग़ुस्से से लबालब रहने वाली काली नदी बह रही थी। अपने पूरे उफान पर। एक मानवीय या तकनीकी ग़लती और यह नदी आपको कोई दूसरा मौक़ा नहीं देगी। कई ज़िंदगियाँ मुश्किलों की ऐसी ही कच्ची रस्सियों में झूलने को मजबूर होती हैं।

धारचूला, भारत और नेपाल के बीच सीमावर्ती इलाक़ा है। उत्तराखंड के इस सीमांत क्षेत्र से भारत और नेपाल के बीच व्यापार की कहानी बहुत पुरानी है। गेस्टहाउस की बालकनी पर खड़े होकर मैंने सामने बहती काली नदी को देखा। नदी के उस पार एक दूसरा देश है। एक देश जो हमसे ग़रीब है। राजनैतिक रूप से अस्थिर है। जहाँ इस वक़्त लोकतांत्रिक सरकार की जद्दोजहद चल रही है। जिस देश से लोग हमारे देश में मज़दूरी करने

आते हैं। व्यापार करने आते हैं। जिस देश के लोगों के साथ हमारे देश के लोग वैवाहिक संबंध बना सकते हैं। हम कभी जिस देश का हिस्सा थे। या फिर जो देश कभी हमारा ही हिस्सा था। ब्रिटिश राज ने हमें उनसे अलग कर दिया। पर धारचूला आकर लगता है कि इस तरह अलग कर देना इतना आसान कहाँ होता है। इंसान और इंसान के बीच जो साझा मानवीय रिश्ते होते हैं उन्हें खंडित कर पाना किसी सत्ता या सीमा के बूते की बात नहीं है।

"भाई, अपना वोटर आईडी कार्ड फ़ोटोकॉपी करवा के नीचे रिसेप्शन पे दे दो। तुम्हारा पास बनना है।" रोहित ने आते ही बताया।

रोहित मुझसे दो दिन पहले धारचूला आ चुका था। हमारे साथ मेरे गृहनगर गंगोलीहाट के पुराने मित्र मोहन आर्य भी इस यात्रा में शामिल थे। दरअसल उन्हीं की वजह से इस यात्रा में शामिल होने का विचार पहले रोहित के मन में आया और उसने मुझे भी तैयार कर लिया। मोहन भाई पेशे से एक वेटनरी डॉक्टर हैं जिनकी ड्यूटी कैलास मानसरोवर यात्रा के सिलसिले में गुंजी नाम की एक जगह पर लगी थी। कम-से-कम गुंजी तक उन्हें भी हमारे साथ चलना था। इस यात्रा में शामिल हो पाने की दूसरी बड़ी वजह हल्द्वानी में रहने वाले मशहूर लेखक और अनुवादक अशोक पांडे भी थे जिन्होंने सरकारी इंतज़ाम करके हमारी यात्रा को आसान कर दिया। बदले में हमें अपने पूरे यात्रा-मार्ग में पड़ने वाले गाँवों की तस्वीरें खींचनी थी।

जब मैं धारचूला के रास्ते में था तो रोहित के लगातार फ़ोन आ रहे थे। टूटे-फूटे फ़ोन नेटवर्क के बीच मैं यही सुन पाया था कि हमारा यात्रा से पहले कोई पास बनना है। मुझे लगा था कि यह महज़ एक फ़ॉर्मेलिटी भर होगा और बड़ी आसानी से बन जाएगा।

मैं एप्लीकेशन फ़ॉर्म लेने रिसेप्शन पर पहुँचा तो मुझे बताया गया कि आपके दो साथियों के पास बन चुके हैं पर अपना पास आपको ख़ुद एसडीएम के पास जाकर बनाना होगा। मुझे एक फ़ॉर्म दिया गया। जिसे मैंने अपने विवेक से भर दिया और जाकर एसडीएम के दफ़्तर में जमा कर दिया। शाम के वक़्त जब पास बनकर आए तो उसमें मेरा पास नहीं था।

मुझे बताया गया कि मेरे फ़ॉर्म में कुछ ग़लतियाँ थीं जिस वजह से फ़ॉर्म रिजेक्ट कर दिया गया है।

शाम का पाँच बज रहा था। एसडीम दफ़्तर का बंद होने का समय आ चुका था। मेरा इनरलाइन पास मेरे पास नहीं था। हमें कल सुबह जल्दी यात्रा के लिए निकलना था। बिना पास के मैं यात्रा पर नहीं जा सकता था। अब क्या?

जब ऐसी कोई स्थिति आती है तो हमारे पास एक सेवियर ज़रूर होता है। मुझे रोहित में सेवियर नज़र आ रहा था। पर आज रोहित ने हाथ खड़े कर दिए। उसे अपनी रिपोर्ट पूरी करके बीबीसी को भेजनी थी। आज रात तक किसी भी हाल में उस रिपोर्ट को पहुँचना था। क्योंकि अगला दिन आपदा के दो साल पूरे होने का दिन था। रोहित ने पिछले दो दिन इस रिपोर्ट के लिए काफ़ी मेहनत की थी। इसलिए उसका यह पेशेवर रवैया लाज़मी था। मैं कुछ हताश-सा हो गया। मुझे अपनी यात्रा ख़तरे में नज़र आने लगी।

मोहन भाई मेरी इस हताशा को समझ चुके थे। उन्होंने मुझे भरोसा दिलाया कि मेरा पास बन जाएगा। एक आदमी है जो किसी भी तरह यह काम करवा देगा। उस आदमी पर उनका भरोसा उनकी कही गई इस बात में कन्विक्शन से समझ आ रहा था।

यहाँ उस शख़्स की सीन में एंट्री हुई। पशुचिकित्सालय के उस कमरे में मैं और मोहन भाई मेरा रिजेक्ट हो चुका फ़ॉर्म लेकर पहुँचे। एक मँझले क़द का अधेड़ उम्र का वो आदमी अपने होंठों पर मुस्कुराहट लपेटे हमसे मुख़ातिब था। वो शख़्स यानी ह्यांकी जी।

"अरे कैसे नहीं बनेगा आपका पास? सब हो जाएगा चिंता मत करिए।"

उस शख़्स ने इतने भरोसे और आत्मविश्वास के साथ यह बात कही कि उसके कहने भर से चिंता कहीं दूर चली गई। अपने हाथों में फ़ॉर्म थामे ह्यांकी जी ने कहा- "चलिए, पहले आपका काम कराते हैं।"

एसडीम के दफ़्तर में एक छोटे-से कमरे में एक महिला बैठी हुई थी। ह्यांकी जी उनसे फ़ॉर्म को एसडीएम तक पहुँचा देने की गुहार लगा रहे

थे। बिना इस महिला के हस्ताक्षर के फ़ॉर्म उन तक नहीं जा सकता। और महिला अड़ी हुई थी।

"आज तो हो ही नहीं सकता। और इनके पास एफ़ीडेबिट भी नहीं है।"

"पर एफ़ीडेबिट की ज़रूरत क्या है! ये ही आपको एक बौंड में लिखकर दे देंगे।"

ह्यांकी जी बहस कर रहे थे और महिला थी कि अपनी बात पर अड़ी थी।

"आप लोगों के चक्कर में मेरी नौकरी जाएगी। कुछ हुआ तो ये लोग तो चले जाएँगे जहाँ से आए हैं, फिर हमारे लिए कौन खड़ा होगा?"

वो उकता कर झिड़क रही थी। निचले पदों पर बैठे सरकारी कर्मचारियों को ऐसे मामलों में बड़ा डर रहता है और यहाँ मामला भारत-चीन सीमा के इनरलाइन इलाक़े में प्रवेश का था। यानी संवेदनशील। मामला गंभीर इसलिए भी था कि भारत-चीन सीमा से तस्करी की तमाम संभावनाएँ इस रास्ते पर रहती हैं। मैं एक संभावित तस्कर भी हो सकता था। कौन जाने?

"अरे हमारे रहते कैसे चली जाएगी आपकी नौकरी? हम तो यहीं रहेंगे। हमें कहाँ जाना है?"

ह्यांकी जी मुस्कुराते हुए उन्हें आश्वासन दे रहे थे। वो इतनी तल्लीनता से आग्रह कर रहे थे कि जैसे मुझे किसी तरह पास मिल जाए यही उनका आख़री लक्ष्य हो।

"ठीक है बांड बना के ले आइए। मैं कुछ करती हूँ।"

समय अब बहुत कम था। हम बांड बनाने के लिए बाहर स्टेशनरी की दुकान की तरफ़ क़रीब-क़रीब भागे।

"आपको रोहित जी का पॉर्टर कहके भेज दें तो चलेगा? देखिए बुरा मत मानिएगा पर आपके पास किसी अख़बार या न्यूज़पेपर का आइडीकार्ड नहीं है। और वैसे भी मतलब पास बन जाने से है। कोई पॉर्टर कहकर आप पॉर्टर हो तो नहीं जाएँगे।"

ह्यांकी जी ने बड़ी झिझक के साथ यह कहा। अपनी बातों से वो उस तरह के आदमी लग रहे थे जो किसी भी तरह काम करवा लेने में भरोसा रखता है। उसके लिए थोड़ा आगे-पीछे, दाएँ-बाएँ करने में उन्हें कोई ख़ास दिक़्क़त नहीं होती। मैंने अपने बटुए में देखा। मुंबई फ़िल्म फ़ेस्टिवल का दो साल पुराना एक कार्ड मेरे पास था जिसपर बड़े अक्षरों में लिखा था- प्रेस।

"ये चलेगा?", मैंने कार्ड ह्यांकी जी को दिखाकर पूछा।

"अरे बिल्कुल। दौड़ेगा। अब आपको पॉर्टर नहीं बनना पड़ेगा।"

कार्ड लेकर वो फिर मुस्कुरा दिए। इस कार्ड और परिचय पत्र की फ़ोटोकॉपी और बौंड लेकर हम वापस एसडीएम के दफ़्तर जा पहुँचे। महिला ने थोड़ा और भाव खाने के बाद हमारे आवेदन पत्र पर हस्ताक्षर कर दिया। पर जैसे ही आवेदन पत्र एसडीएम के कमरे में पहुँचा उससे ठीक पहले एसडीएम उठे और अपनी गाड़ी में बैठकर कहीं चल दिए। आवेदन पत्र उनके कमरे में एक अनिश्चितकालीन इंतज़ार में बैठा रह गया और हम बाहर उनकी गाड़ी को जाता हुआ देखते रह गए।

"अब क्या होगा?"

यात्रा के उत्साह और उसके टलने की संभावना ने मुझे और अधीर कर दिया था। पर ह्यांकी जी हार मानने वाले लोगों में कहाँ थे!

"अरे आप क्यों चिंता कर रहे हैं? सुबह जब आप निकल रहे होंगे पास आपके हाथों में होगा।"

उन्होंने फिर मेरी अधीरता पर विजय पा ली। हम अपने गेस्टहाउस लौट आए। ह्यांकी जी कुछ देर में लौटने का कहकर अपने घर की ओर चले गए। अँधेरा शाम पर क़ाबिज़ होने की तैयारी कर चुका था। चीज़ें धुँधली नज़र आने लगी थीं। धारचूला की दुकानें बंद होने लगी थीं। और मैं इनरलाइन पास के इंतज़ार में गेस्ट हाउस में बैठा हुआ था। मोहन भाई मुझे भरोसा दिला रहे थे-

"वो ह्यांकी जी हैं। धारचूला में कोई काम करवाना हो और उनसे न हो पाए यह असंभव है। अब वो अपने ईगो पे ले चुके हैं। तुम्हारा पास

बनके रहेगा।''

मैं और मोहन भाई गेस्ट हाउस की छत पे खड़े अँधेरे में डूबे धारचूला के उस हिस्से को देख रहे थे जिस तक हमारी नज़र पहुँच रही थी। काली नदी के किनारे आकाश से ऊँचे पहाड़ झाँककर जैसे हमें ही देख रहे हों। पहाड़ पर बिखरी हुई झिलमिलाती बिजली अहसास करा रही थी कि पहाड़ों पर शरण ढूँढ़ते लोग किस दुरूहता तक बसे हुए हैं। मोहन भाई की नज़रें उन दुरूह बसावटों से भी दूर पहाड़ों को लाँघती हुई कहीं इतिहास में जा पहुँची। उन्होंने बताया कि नेपाल देश गोरखाओं से जीतकर कुमाऊँ के इस हिस्से को ईस्ट इंडिया कंपनी ने उन्नीसवीं शताब्दी में यहाँ अपना शासन स्थापित किया। अगर अंग्रेज़ न होते तो अभी कुमाऊँ का एक बड़ा हिस्सा नेपाल में होता। और हम भी नेपाल के राजनीतिक संकट से ग्रस्त नागरिक होते। वो अतीत जिसमें हमारा अस्तित्व भी नहीं होता हमारे भविष्य को अपनी तरह से बना रहा होता है। यह एक कमाल की सच्चाई है। हम दोनों काफ़ी देर तक आकाश में टिमटिमाते असंख्य तारों को देखकर बातें करते रहे। तारे हमें देखकर ख़ुश थे। आज कितने दिनों बाद हमने उन्हें नज़रअंदाज़ करने की परंपरा से अलग तवज्जो जो दी थी।

नेपाल का यह पूरा हिस्सा भारत में कैसे आया इसके तार इतिहास में कहीं पीछे जुड़े हैं। धारचूला सहित वो पूरा इलाक़ा जहाँ हमें अगले कुछ दिन घुमक्कड़ी करते हुए बिताने थे वो सदियों पुराने 'भोटिया महल' नाम की सात घाटियों में से है। ये वो नदी घाटियाँ हैं जहाँ भोटिया जनजाति मौसमी पलायन या ऋतु प्रवास करते हुए लंबे समय से रह रही है।

इन नदी घाटियों के इतिहास में झाँकने पर कई रोचक जानकारियाँ मिलती हैं। ऐसी ही एक किताब 'मैन एंड डवलपमेंट इन हिमालया' में जे. एन. दुर्गापाल लिखते हैं- भारतीय उपमहाद्वीप में कई नस्लें आई गईं। इनमें किन्नर, किरात, सक, खस और नाग आदि नस्लें भारत में भी आईं। ये नस्लें उत्तर भारत के कई हिस्सों में फैल गईं। किरातों ने पहाड़ी हिस्सों पर राज भी किया। ये नस्लें इन इलाक़ों के मूल-निवासियों के संपर्क में भी आईं। इन सारे समूहों ने एक-दूसरे को किसी-न-किसी तरह प्रभावित

किया और समय के बीतने के साथ सबने अपनी मूल पहचान खो दी। ये सभी हिंदू धर्म को अपनाने वाली एक मिश्रित नस्ल में बदल गए जिनका तिब्बत से कोई सरोकार न रहा।

मध्यकालीन इतिहास में इनकी बेहतर जानकारी मिलती है। कश्मीर के अलावा मुसलमान शासक अन्य किसी पहाड़ी इलाक़े में शासन नहीं कर पाए। इसलिए 8 वीं शताब्दी ईसा पूर्व से लेकर उन्नीसवीं शताब्दी के शुरुआती वर्षों तक ये इलाक़े किसी के अधीन नहीं रहे। कुमाऊँ में इस दौर में चंद वंश का उत्थान हुआ और कत्यूरी शासकों का धीरे-धीरे पतन हुआ। लेकिन 1674 ईसा पूर्व तक ब्यांस मंडल का इलाक़ा हुमला के शासन में रहा। इस वर्ष चंद वंश के बाज बहादुर चंद ने हुमला को हराकर ब्यांस मंडल को अपने अधीन कर लिया। उसने ताकलाकोट (तिब्बत) के शासक पर भी इस बात के लिए दबाव बनाया कि वो हिंदुओं के धार्मिक स्थल कैलास मानसरोवर की डाकुओं से सुरक्षा करे।

अठारहवीं शताब्दी में नेपाल के गोरखाओं ने मध्य नेपाल से लेकर हिमाचल प्रदेश तक के इलाक़े को अपने पराक्रम से हिलाकर रख दिया। इन्होंने किसी ख़तरनाक तूफ़ान की तरह हमले किए और दोती, कुमाऊँ, गढ़वाल, देहरादून और नाहन के इलाक़ों को तेज़ी से जीत लिया। गोरखा अपनी क्रूरता और अत्याचार के लिए जाने जाने लगे। उनका प्रभुत्व बढ़ता गया और ब्रिटिश सीमाओं में उनके अतिक्रमण के साथ यह बात भी सामने आई कि वो ब्रिटिश राज के ख़िलाफ़ साज़िश कर रहे सिख शासकों का साथ दे रहे हैं। ब्रिटिश शासकों ने नेपाल के ख़िलाफ़ पूरा युद्ध छेड़ दिया। युद्ध का परिणाम 1815-16 में हुई सागौली की संधि के रूप में सामने आया जिसके तहत कुमाऊँ और गढ़वाल ब्रिटिश शासन के हिस्से में आ गए। ब्यांस मंडल दो हिस्सों में विभाजित कर दिया गया। काली नदी के एक तरफ़ का हिस्सा ब्रिटिश शासन के अंतर्गत आ गया और दूसरा नेपाल के हिस्से।

मुझे लग रहा था कि इतिहास जाने बिना यात्राएँ कितनी अधूरी रह जाती हैं। पर वर्तमान में अभी एक इंतज़ार जारी था।

रात के नौ बज रहे थे पर ह्यांकी जी का कोई अता-पता नहीं था। उन्हें फ़ोन किया तो उन्होंने कहा- "आप तहसील आ जाइए तो एक बार, मैं बस पहुँच रहा हूँ।"

तहसील के अर्दली के घर जाकर वो उसे बुला लाए। एसडीएम के कमरे का ताला खोलकर अर्दली और वो फ़ाइलों की तरफ़ बढ़े। अर्दली मुझे अब तक एसडीएम की तरह ही लग रहा था। रौब की कोई कमी नहीं थी। यह एक छोटी न्यायालयनुमा सेटिंग ही थी। कठघरे के उस तरफ़ खड़े अर्दली ने एक फ़ाइल निकाली। उस फ़ाइल में उसने मेरा फ़ॉर्म तलाशकर कहा-

"तो उमेश पंत हैं आप? क्यों जाना है आपको पंत जी?"

कठघरे के इस तरफ़ खड़ा मैं वक़ील जैसा अनुभव करने लगा। मैंने अपनी दलील देनी शुरू की। मैं फ़ोटोग्राफी और पत्रकारिता का हवाला देने लगा और साथ ही एक छोटी-सी तक़रीर भी, "अगर हम ही अपने इलाक़े का प्रचार-प्रसार नहीं करेंगे तो टूरिस्ट कैसे आएगा। और बिना फ़ोटोग्राफी वगैरह के ज़रिये तो यह असंभव है।"

ये तक़रीर मैंने अंग्रेज़ी में दी ताकि उसका असर ज़्यादा पड़े। अर्दली ने हस्ताक्षर करके फ़ॉर्म हमें दे दिया। अभी एसडीएम के हस्ताक्षर होने बाक़ी थे। यानी इनरलाइन पास की जंग अभी बाक़ी थी।

ह्यांकी जी हमें एसडीएम के घर पर ले गए पर वहाँ जाकर पता चला कि वो अभी लौटे नहीं हैं। हम उनके घर के पास ही दुकानों के सामने कुछ देर उनका इंतज़ार करते रहे। कुछ देर में एसडीएम की गाड़ी चौराहे पर रुकी और वो पैदल अपने घर की तरफ़ आने लगे। ह्यांकी जी ने वहीं दुकानों के पास उन्हें पकड़ लिया।

"सर कल जाना है साइन कर दीजिए।"

ह्यांकी जी एकदम मुद्दे पर आए और उन्होंने एसडीएम की तरफ़ मेरा आवेदन बढ़ा दिया। उनकी देहभाषा में एकदम सहजता और एक क़िस्म का समर्पण था। लहज़ा बहुत मीठा और आग्रहभाव से भरा हुआ। साफ़ समझ आ रहा था कि वो जानते थे कि अफ़सरों से कैसे काम निकलवाया जाता है।

एसडीएम ने बिना उनकी तरफ़ देखे चलते हुए ही कहा, "कल आना।"

"पर कल सुबह छह बजे निकलना है।"

ह्यांकी जी मुस्कुराते हुए पूरे आग्रह भाव गुज़ारिश की।

एसडीएम कुछ नहीं बोले। चलते रहे। ह्यांकी जी उनकी चुप्पी का मतलब समझते थे। वो साथ-साथ चलते हुए उनके घर की तरफ़ बढ़ गए। मैं और मोहन भाई उनके पीछे-पीछे चल दिए। एसडीएम अपने कमरे में पहुँचते ही कुछ सहज हो गए।

"आपको जाना है?" उन्होंने विनम्रता से पूछा।

"हाँ... सुबह जल्दी जाना है इसलिए जल्दबाज़ी में हैं।" मैंने कहा।

वो जेब से पेन निकालते इससे पहले ही ह्यांकी जी ने उनकी तरफ़ अपना पेन बढ़ा दिया।

"आपका बहुत-बहुत धन्यवाद।"

मैंने मुस्कुराकर कहा। एसडीएम भी मुस्कुरा दिए।

मेरा पास आख़िरकार मेरे हाथ में था और उत्साह दो गुना।

"लेमिनेट कर लेना हाँ। अगले कुछ दिनों के लिए ये बहुत काम की चीज़ है.. मैं चलता हूँ अब.. साढ़े दस बज गया।"

ह्यांकी जी घड़ी देखकर बोले। उनके शरीर में अभी भी फुर्ती थी।

"आप नहीं होते तो मैं तो कल जा ही नहीं पाता। बहुत-बहुत धन्यवाद आपका।"

जितना सम्मान उनके लिए मन में इस वक़्त था वो लफ़्ज़ों से बयाँ करना मुश्किल था। बिना किसी मतलब या स्वार्थ के किसी की इस तल्लीनता से मदद करने वाले लोग शहर तो क्या गाँवों में भी मिलने अब मुश्किल हैं।

"अरे हमारा तो रोज़ ही का है... कोई और मदद हो तो बताइएगा। आपने दिल्ली का आईडी प्रूफ़ नहीं लगाया होता तो कोई दिक़्क़त ही नहीं होती। पर चलिए काम तो हो गया। जैसे भी हो।"

क्योंकि बड़ी जद्दोजहद के बाद मिला था इसलिए इस इनरलाइन पास की क़ीमत अभी मेरे लिए कुछ ज़्यादा ही थी। जिस रूट पे हमें जाना

था वो दरअसल भारत और चीन के बीच व्यापार का बहुत पुराने समय से एक बड़ा अहम रास्ता रहा है। यह इनरलाइन पास उस राह पर चलने का अनुमति पत्र था।

हाँ, कल सुबह-सुबह उच्च हिमालयी सफ़र पर जाने का यह सरकारी लाइसेंस अब मेरे पास था। मेरा इनरलाइन पास यानी इस यात्रा का एक बेहद ज़रूरी सामान।

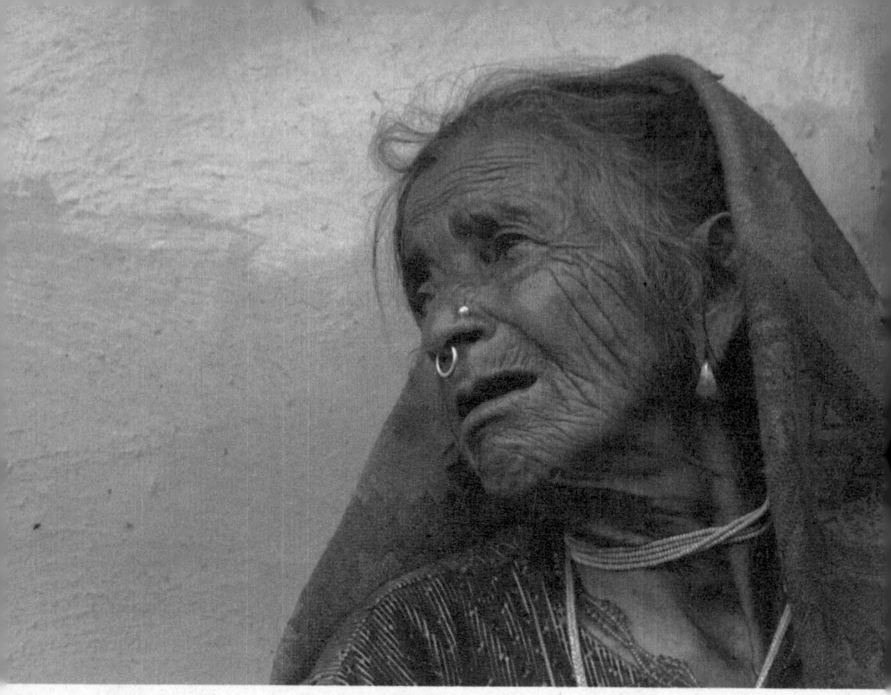

मर गई बेटी

दिन : तीन

16 जून 2015

धारचूला–गाला

सुबह साढ़े पाँच बजे की रवानगी थी। लेकिन निकलते-निकलते सात बज गए। आज हमारी पैदल यात्रा का पहला दिन था। इस पूरी यात्रा में मैं और रोहित कुमाऊँ मंडल विकास निगम के मेहमान थे। इसलिए हमें एक पत्र दिया गया था जिसमें रास्ते में पड़ने वाले कुमाऊँ मंडल विकास निगम के हर गेस्ट हाउस में हमारे रहने-खाने के इंतज़ाम के बाबत आदेशित किया गया था। यह एक पन्ना अगले कुछ दिनों तक के लिए एक और ज़रूरी दस्तावेज़ था जिसे हमें सुरक्षित रखना था। यह एक पन्ना हमारे रहने-खाने का आधिकारिक जुगाड़ था। कहीं पढ़ा था कि वेनिस के व्यापारी और मशहूर घुमक्कड़ मार्को-पोलो अपने पिता और चाचा के साथ दुनिया भर की यात्रा पे निकले। तब उनकी उम्र महज़ 6 साल थी। यात्रा के आरंभिक पड़ाव में वह बुखारा पहुँचे तो चंगेज ख़ान के पड़पोते कुबला ख़ान से मिले। वह ख़ान की नई राजधानी बीजिंग पहुँचे, वहाँ एक वर्ष तक रहे। वहाँ से जाते समय ख़ान ने उन्हें अपने नाम वाला स्वर्णचिह्न प्रदान किया। यह वीआईपी पासपोर्ट था। इसे दिखाकर वह यात्रा के दौरान घोड़े, भोजन व ज़रूरी वस्तुएँ माँग सकते थे। हमें भी इस काग़ज़ के रूप में हमारा 'स्वर्णचिह्न' मिल गया था।

धारचूला में नाश्ता करके हमने टैक्सी की और हम गर्भाधार की ओर बढ़ गए। गर्भाधार धारचूला से क़रीब पैंतालीस किलोमीटर की दूरी पर है। आदि कैलास और ओम पर्वत की ओर जाने वाला पैदल रास्ता यहीं से शुरू होता है। कैलास मानसरोवर यात्री नारायण आश्रम होते हुए सीधे गाला पहुँचते हैं। नारायण आश्रम उनकी यात्रा का पहला बेहद ख़ूबसूरत पहाड़ी पड़ाव होता है। पर हम उस रास्ते से नहीं जा रहे थे।

जैसे ही हमने धारचूला को पार किया हमें इस पूरे इलाक़े में दो साल पहले हुई त्रासदी के निशान दिखाई देने लगे। सड़क कहीं-कहीं तो ठीक थी, पर ज़्यादातर जगह टूटी-फूटी थी और रेंगती गाड़ी के समानांतर खड़ी चट्टानों को देखकर लग रहा था कि इनमें टूट-फूट अब भी जारी है। किसी बात से नाराज़ होकर ख़ूब उछल-कूद मचाकर चुप हुआ बच्चा जैसा बेतरतीब लगता है ये चट्टानें ठीक वैसी ही लग रही थीं। एकदम उखड़ी

हुई और ख़स्ताहाल।

ड्राइवर ने बताया कि दो साल पहले आई त्रासदी ने रास्ते में पड़ने वाले तवाघाट जैसे स्थानों के रवासियों को भारी नुक़सान पहुँचाया। हमारे साथ मोहन भाई भी थे जो उस दौर में यहीं नियुक्त थे। वो इस इलाक़े को देखकर बार-बार बाहर झाँककर बताते रहे कि कैसे सारे पुल टूट गए थे और उन्होंने रस्सियों के सहारे नदी पार की। ऐसी जगहों पर नियुक्त सरकारी कर्मचारियों को कई बार अपनी जान जोख़िम में डालकर ड्यूटी करनी पड़ती है। और मोहन भाई मुझे उन प्रतिबद्ध क़िस्म के लोगों में लग रहे थे जो अपनी ज़िम्मेदारी से मुँह मोड़ना नहीं जानते।

महाकाली नदी के किनारे-किनारे बल खाती हुई सड़क के दूसरी तरफ़ नेपाल के पहाड़ नज़र आ रहे थे। नेपाल की तरफ़ का इलाक़ा कुछ ज़्यादा हरा-भरा नज़र आता है। तवाघाट और मांगती को पार कर हम आगे निकल आए। मौसम एकदम खुला हुआ और ख़ुशनुमा था।

क़रीब एक घंटे बाद गाड़ी हमें एक छोटे-से ढाबे के पास ले आई। यही वो जगह थी जहाँ से हमें पैदल आगे बढ़ना था। हमारी ट्रैकिंग का शुरुआती पड़ाव गर्भाधार ही था। तय तो यह था कि हम आज बूदी तक जाएँगे जो यहाँ से क़रीब बाईस किलोमीटर की दूरी पर है। लेकिन यहाँ पहुँचते-पहुँचते क़रीब बारह बज चुके थे। हम तीनों के पास एक-एक बैग ही था। इसलिए हम सोच रहे थे कि क्या हमें पॉर्टर की ज़रूरत है? मोहन भाई पॉर्टर लेने के पक्ष में थे जबकि मुझे लग रहा था कि पॉर्टर ही करना था तो फिर नया-नया रकसैक लेने का क्या फ़ायदा? और एक ट्रैवलर वाला फ़ील बिना रकसैक के कैसे आएगा? फिर पॉर्टर लेने का एक और नकारात्मक पहलू यह था कि हमारी एक और शख़्स पर निर्भरता बढ़ जाएगी। जो मैं तो नहीं चाहता था। पॉर्टर ने बताया कि वो केवल गुंजी तक ही हमारे साथ आएगा और डेढ़ हज़ार हर बैग के हिसाब से पैसा लेगा। माने एक तो वो पैसे ज़्यादा ले रहा था और पूरे सफ़र में भी साथ नहीं रहने वाला था। ऐसे में रोहित ने भी यही कहा कि अपना सामान ख़ुद ही ले जाते हैं। तो फ़ैसला वोटों की गिनती के आधार पे हुआ और हमने तय किया कि

हम पॉर्टर नहीं करेंगे।

ढाबा चला रहे शख़्स ने हमें सुझाया कि आज हमें गाला तक ही जाना चाहिए जो यहाँ से क़रीब तीन घंटे की दूरी पर था। उसने बताया कि बूदी पहुँचते-पहुँचते देर हो जाएगी और हमें रास्ता भी पता नहीं था तो हमने उसकी सलाह मान ली। मैंने केएमवीएन द्वारा दिए गए आदेश को देखा। उसमें गाला का नाम था। माने वहाँ हमारे रहने-ठहरने की व्यवस्था हो जानी थी।

कुछ देर में हम अपने-अपने बैग और कैमरों को लिए आँखों में चश्मा लगाए पहाड़ की खड़ी चढ़ाई चढ़ रहे थे। रास्ता हमें पहाड़ चढ़ने के मानी समझा रहा था। हम एकदम तीखी चढ़ाई चढ़ रहे थे। कुछ आगे बढ़ने पर हमें अपने पीछे घुँघरुओं की सी आवाज़ सुनाई दी। पीछे मुड़कर देखा खच्चरों के एक झुंड को लिए एक चरवाहा हमारे पीछे-पीछे चला आ रहा था। हमारे कैमरे तैनात हो चुके थे। कुछ तस्वीरें उतारने के बाद हम खच्चरों पर लगी घंटियों की धुन के साथ आगे बढ़ते रहे। इन खच्चरों को विशेष प्रकार से सजाया गया था। और जो खच्चर सबसे आगे चल रहा था उसके गले में एक बड़ी-सी घंटी थी जो अलग से नज़र आ रही थी। ये खच्चर हमसे भी दूर दारमा घाटी को छूते हुए, ब्यांस घाटी से लगी चीन की सीमा तक जा रहे थे।

हम दुनिया के सबसे ऊँचे इलाक़ों में रहने वाली मानवीय सभ्यताओं में से एक 'भोटिया' जनजाति की सदियों पुरानी बसावटों की तरफ़ बढ़ रहे थे। निःसंदेह यह रास्ता जहाँ जा रहा था वो ऐतिहासिक रूप से सैकड़ों वर्ष पुरानी होने के बावजूद कम-से-कम मेरे लिए एक नई दुनिया ही थी।

स्याम सिंह शशि अपनी किताब 'द वर्ल्ड ऑफ नोमेड' में इस इलाक़े के भूगोल के बारे में विस्तार से बताते हैं।

उत्तराखंड के उत्तरी भाग में एक त्रिकोणीय क्षेत्र है जिसका ज़्यादातर हिस्सा भारत और तिब्बत की पारंपरिक अंतरराष्ट्रीय सीमा में आता है। उच्च हिमालय की शृंखलाओं द्वारा बनाया गया उपमहाद्वीपीय विभाजन दो विशेष वाटरशेड सिस्टम्स बनाता है। एक जो उत्तर की तरफ़ तिब्बत की ओर बहता

चला जाता है और दूसरा दक्षिण की तरफ़ भारतीय सीमा की ओर। यह भारत और तिब्बत के बीच में असल सीमा का निर्माण करता है। त्रिकोण के दाएँ हिस्से में काली नदी बहती है जो भारत और नेपाल के बीच सीमा रेखा का काम करती है। इसके सबसे निचले हिस्से जौलजीबी से सबसे ऊपरी हिस्से थांगा पास तक उत्तराखंड, हिमाँचल प्रदेश और तिब्बत की सीमाएँ एक ट्राइजंक्शन या त्रिकोणीय क्षेत्र बनाती हैं। इस पूरे त्रिकोणीय क्षेत्र को (जिसमें सात नदी घाटियाँ शामिल हैं) 'भोट प्रदेश' कहा जाता है जो अनंत काल से भोटिया समुदाय का मूल निवास रहा है।

हमारे यात्रा मार्ग में पड़ने वाली काली और कुटी यांक्ति नदी इन सात नदी घाटियों में शामिल है। इन सात नदी घाटियों में से जो चार उत्तराखंड के कुमाऊँ के क्षेत्र में आती हैं वो हैं- दारमा, जोहार, चौदांस और ब्यांस घाटियाँ। गोरी गंगा से जुड़े क्षेत्र को जोहार कहते हैं। मिलम जोहार का आख़िरी गाँव है। दारमा घाटी का आख़िरी गाँव गो है। काली नदी का निचला इलाक़ा जोकि खेला से मालपा के बीच आता है चौदांस घाटी कहलाता है। काली का ऊपरी हिस्सा जो कि बूदी से गुंजी के बीच आता है जहाँ कुटी-यांक्ति नदी इससे मिलती है ब्यांस घाटी कहलाता है। हर घाटी से एक या ज़्यादा दर्रा तिब्बत की मंडी की तरफ़ जाता है।

पुराने समय से ही भोटिया समुदाय के निवास स्थल नदी घाटियों के ऊपरी हिस्सों पर हुआ करते थे। आज भी यह समुदाय इन हिस्सों में रहते हैं और मौसमी पलायन या ऋतु-प्रवास की जीवनशैली अपनाए हुए हैं। ये सर्दियों में नदी घाटियों के निचले हिस्सों में आ जाया करते हैं। ये लोग तिब्बत के व्यापारियों से सदियों से व्यापारिक संबंध में हैं। एक वक़्त था जब भारत और तिब्बत के बीच होने वाला पारंपरिक व्यापार इन इलाक़ों की संपन्नता की वजह था। ये भोटिया व्यापारी भारत की मंडियों से गुड़, अनाज, तंबाकू जैसे सामान ख़रीदते जिनकी तिब्बत की मंडियों में माँग होती और वहाँ से ऊन, नमक, बोरेक्स और जानवरों की खाल ख़रीदकर लाते। तिब्बत की मंडियों से होने वाले इस व्यापार की वजह से भोटिया समुदाय एक संपन्न समुदाय बना रहा। वस्तु विनिमय यानी किसी सामान

को दूसरे सामान के एवज़ में ख़रीदने की यह परंपरा पुराने समय से रही है।

लेकिन वैश्विक बाज़ार में हुए बड़े स्तर के बदलावों की वजह से 1920 और 30 के दशक से इस व्यापार में गिरावट आनी शुरू हुई। पचास के दशक में तिब्बत पर चीन के प्रभाव ने इस व्यापार को और प्रभावित किया। 1962 में हुए भारत-चीन युद्ध के समय सामरिक और सुरक्षा की दृष्टि से बहुत महत्वपूर्ण भारत-तिब्बत सीमा को सील कर दिया गया और यह व्यापार पूरी तरह ठप हो गया। उसके बाद भेड़, बकरी, खच्चर और घोड़ों के ज़रिये होने वाले इस व्यापार में विशेष सुधार कभी हो ही नहीं पाया। नब्बे के दशक में यह व्यापार एक बार फिर शुरू तो हुआ, लेकिन अपनी पुरानी रंगत नहीं पा सका।

भोटियाओं के विभिन्न समुदायों के नाम नदी घाटियों के नाम पर हैं। स्थानीय गाँवों के समूहों के उपनाम गाँवों के नाम से भी बने हैं। जैसे कुटी के कुटियाल, गर्बियांग के गर्बियाल। कई जगह राठों के नाम पर भी उपनाम रखे गए हैं। तो हम जिस इलाक़े की तरफ़ बढ़ रहे थे वो भौगोलिक दृष्टि से अंतरराष्ट्रीय महत्व का इलाक़ा था। यहाँ जो लोग रहते थे वो विशिष्ट पहचान और अनूठी पारंपरिक विरासत से समृद्ध लोग थे। हमें सीधे इतिहास की किताबों से निकलकर ज़िंदगी के अगले कुछ दिनों में इस इलाक़े को अपनी आँखों से देखने का मौक़ा मिलने वाला था।

दिन की तेज़ धूप में शरीर पसीने से नहाने लगाने था। यह पसीना भी अब हमारी परछाईं की तरह हमारे साथ चलने वाला था। जब-जब धूप रहेगी पसीना भी रहेगा यह तय था।

जैसे-जैसे हम ऊपर की तरफ़ बढ़ रहे थे नदी घाटी का वह विस्तार और खुलता जा रहा था जो हम पीछे छोड़ आए थे। पीछे मुड़कर देखते तो पहाड़ के पैरों पर बहती नदी और ख़ूबसूरत लगने लगती। सड़क किनारे बसे घर और छोटे होते चले जाते और पहाड़ और विशाल लगने लगते।

क़रीब दो घंटे की चढ़ाई चढ़ने के बाद हमें एक इकलौता घर दिखाई दिया जिसके बाहर एक बुज़ुर्गवार धूप में बैठे न जाने क्या सोच रहे थे।

हमें देखते ही वो मुस्कुरा दिए। हमने उनसे गाला का रास्ता पूछा तो बोले- "यात्रा में आए हो आप लोग?" हमने हामी भरी तो वो बड़े इत्मीनान से बोले "रास्ता बताता हूँ फिर पहले पानी पीलो।"

वो हमें अपने घर की तरफ़ ले गए। वहाँ उनका एक नाती और एक नतिनी थे। उनकी बहू और बेटा भी। हमें देखकर सब घर से बाहर आ गए। बहू एक बोतल में ठंडा पानी ले आई। हम तीनों ने पानी पिया और इस परिवार से कुछ देर बातें की। ऐसा लग रहा था हम कोई राहगीर न होकर उस परिवार के मेहमान हों। कुछ देर में परिवार ने हमें विदा किया और वो बुज़ुर्ग काफ़ी आगे तक हमें रास्ता बताने के लिए आए। रास्ता दिखाकर वो वहीं बैठ गए और हम तमाम यात्रियों की तरह उन्हें पीछे छोड़ते आगे बढ़ गए।

कुछ देर में हम मल्ला जिप्ती नाम की जगह पर थे। एकदम थके हुए। पसीने से नहाए। आज के दिन की पूरी चढ़ाई हम चढ़ चुके थे। अब तीन किलोमीटर एकदम सीधा चलना था। यहाँ दो लड़के न जाने किस बात पर लड़ रहे थे। दोनों नशे में धुत थे। एक दूसरे को समझा रहा था और दूसरा उसे झिड़क रहा था। वो लड़ते हुए आगे निकल गए और एक महिला एक छोटे से ढाबेनुमा घर से बाहर आई।

"पहले पियो फिर लड़ो... यही काम है इनका..."

ये ताना मारकर महिला हमसे मुख़ातिब हुई।

"छोटा कैलास जा रहे हो आप?" उसने बड़े अपनेपन से पूछा।

हमारे हामी भरने पर वो आगे बोली -

"खाना खाके जाओ ना भैया।"

उसने इतने प्यार से कहा था, मना करने का मन कैसे होता? और फिर हमें ठहरना तो था ही तो हमने पूछ लिया, "क्या है आपके पास?"

और इसके जवाब में एक रोचक कहानी हमारे सामने खुल गई। एक कहानी जो वो महिला असल ज़िंदगी में जी रही थी।

"आज तो भैया ज़्यादा कुछ नहीं है। झोली बनी है, भात बना देती हूँ। वही खालो।"

उसने थोड़ा झिझकते हुए कहा। और फिर बड़ी उदास होकर बोली, "बड़ी परेसान हूँ भैया। लड़की ने दिमाग़ ख़राब कर दिया है। और दिन आते तो सबकुछ मिल जाता आपको। पर आज सुबह से लड़की के चक्कर में परेसान हूँ।"

महिला के यह कहने में उस लड़की के लिए हिकारत और दुःख दोनों भाव एक साथ घुले हुए थे। कौन थी वो लड़की और उसने ऐसा क्या किया? हम तीनों यह जानने के लिए उत्सुक हो उठे।

"आपकी लड़की है? क्या हुआ उसे?"

शायद सुबह से किसी के यही पूछने का इंतज़ार कर रही थी क़रीब तीस साल की मँझले क़द की महिला। कई बार होता है ना कि हमारे मन में एक उथल-पुथल चल रही होती है। बहुत कुछ होता है जो हम कहना चाहते हैं। पर कहने के लिए कोई मिलता नहीं। यही हाल उस महिला का था अभी। वो अपने मन को हल्का करने के लिए उतावली थी।

हमारे पूछने पर उसने अपनी पूरी व्यथा सामने खोलकर रख दी। कई बार दिल की बात कह देना भर कुछ घावों की दवा बन जाता है।

"भैया पुलिस इस्टेसन भेजा है उसे। साली पागल हो गई है।"

ये कहकर महिला एक थाली में चावल निकालने लगी। हम रास्ते की दूसरी तरफ़ बनी एक छोटी दीवार में बैठकर उसकी बातें सुनने लगे।

"कहती है प्यार हो गया लड़के से। लड़का हरियाणा का ठैरा भैया। दो साल से फ़ोन में बात कर रहे थे दोनों। वैसे गलती तो मेरी ही है।"

तो मामला प्यार का था। लेकिन हरियाणा का लड़का यहाँ इतने इंटीरियर के गाँव में रहने वाली एक लड़की से प्यार करने लगा। कोई कनेक्शन समझ नहीं आ रहा था हमें।

"पर हरियाणा के लड़के से इसकी जान-पहचान कैसे हुई। और आपकी क्या ग़लती है इसमें?", मैंने पूछा।

"भैया यहाँ जो आर्मी वाले हैं ना उनके अफ़सर साहब ने मेरी लड़की को देखा था। उनकी पहचान का एक लड़का हरियाणा में रहता है। एक दिन कहने लगे कि तुम अपनी लड़की की सादी करा दो। एक लड़का है।"

महिला की आँखें जैसे किसी अतीत में डूबी हुई थीं। छप्पर वाले उस घर के बाहर बने ढाबे में मिट्टी के चूल्हे पर लकड़ियाँ झोंकते हुए जैसे कुछ था जो उसके भीतर भी जल रहा हो।

"अब हम तो ठैरे गरीब लोग। लड़की की सादी में दहेज भी तो कितना लग जाने वाला हुआ ना आजकल। लड़का एक बार आया यहाँ दो साल पहले। दोनों की कुछ बात हुई। नंबर-वंबर देके गया अपना। तबसे दोनों फ़ोन में बात कर रहे ठैरे भैया। आज सुबह लड़का यहाँ आया। थोड़ी देर दोनों ने अकेले में पता नहीं क्या बात करी होगी। मेरी लड़की में जैसे जादू कर दिया उसने। इसके पापा ने भी समझाया, मैं तो बहुत देर बैठाके बात करती रही पर क्या पता कहाँ का है, कैसा है? आजकल तो वैसे भी किसी पे भरोसा कहाँ होता है ना। मानी ही नहीं। दोनों मिले तो ऐसा कर दिया हो उन्होंने जैसे बचपन के दगड़ू हों। अब मान ही नहीं रही तो फिर जो करना है कर मरे। बस एक बार चले जाएँ तो फिर वापस ना आएँ। हम भी मान लेंगे की हमारी लड़की मर गई है।"

एक साथ इतना कहने के बाद उस महिला की आवाज़ कुछ भर आई थी। चावल की पतीली से ढक्कन उठाकर देखा एक बार उसने। उससे उठी भाप में अपने आँसू छुपा लिए हों जैसे।

"लेकिन पुलिस स्टेशन क्यों गई वो?"

अभी मेरे ज़ेहन में यह सवाल अटका हुआ था। एक बहुत छोटी बच्ची अपनी एक बूढ़ी महिला के साथ उस घर से निकली। उस बूढ़ी महिला की आँखों में न जाने कितने बरस की उदासी पिघली हुई थी और कुछ ही बरस की वो बच्ची हमें देखकर जाने क्यों ख़ुश हुए जा रही थी। रोहित ने उसे एक टॉफी दी तो वो दोनों हाथ आगे बढ़ाकर उसे पकड़ने लगी। दोनों हाथ आगे करके उपहार लेना शायद यहाँ की शिष्टता का हिस्सा था।

महिला उसे देख के बोली, "नतिनी है मेरी। बड़ी बेटी की लड़की।"

महिला को उसे देखकर जैसे राहत मिली हो।

"भैया मैंने आज बहुत समझाया पर वो मानने को तैयार नहीं है।

इसलिए मैंने कहा कि जाने से पहले मुझे पुलिस इस्टेसन जाके सारे कागज देके जा। पुलिस में बता के जा कि मैं अपनी मर्ज़ी से इस लड़के के साथ जा रही हूँ। फिर जो करना है कर। बस कुछ ऐसा वैसा हो गया तो हमारे पास वापस नहीं आनी चाहिए भैया। मैं समाज में अपनी बदनामी नहीं चाहती।''

समाज और बदनामी यहाँ भी ये दो शब्द माँ और बेटी जैसे रिश्ते से बड़े हो गए थे। मैं सोच रहा था कि एक ग़रीब माँ ऐसे में और क्या कर सकती है। बेटी बालिग़ है। वो जो चाहे कर सकती है। पर माँ। दूर कहीं हरियाणा से आया एक लड़का उसकी बेटी को अपने साथ ले जा रहा है। वो लड़का जिसके घर-बार, रहन-सहन, सामाजिक स्तर और व्यवहार के बारे में वो माँ कुछ नहीं जानती। वो माँ जिसने कभी शहर नहीं देखा है। जो इस ज़िले से बाहर शायद ही कहीं गई हो। वो कैसे अपनी बेटी को ऐसे ही किसी एक दिन उनकी ज़िंदगी में आए लड़के के साथ भेज दे। पर लड़की तो ख़ुशी-ख़ुशी जाने को राजी है।

''मैं और क्या कर सकती हूँ भैया। माँ ठैरी मैं। इससे तो होती नहीं बेटी तो जादा अच्छा था।''

वो माँ उदास थी। आँखें देखके लगता था ख़ूब रोई हैं वो। और अभी बहुत कुछ छलकना बाक़ी था। किसी और भूगोल में या फिर किसी दूसरे सामाजिक परिवेश में यह बात कितनी बड़ी बात हो सकती थी। इस बात पर हत्याएँ हो सकती थीं। फ़साद हो सकता था। कोर्ट-कचहरी, कुछ भी। पर इन निर्जन पहाड़ों के बीच अब भी सबकुछ एकदम शांत था। उथल-पुथल थी तो उस माँ के ज़ेहन में और वो उथल-पुथल भी अब समय के आगे समर्पण कर चुकी थी। वो माँ इतनी उदार नहीं थी कि अपनी बेटी के फ़ैसले में ख़ुशी-ख़ुशी उसका साथ दे दे। कई बार परिस्थितियाँ आपको आपके व्यवहार के विपरीत उदारता का बर्ताव करने पर मजबूर कर देती हैं।

खाना परोस दिया गया था। हम बैंच पर बैठकर खाना खाने लगे। दिमाग़ में यही चल रहा था कि उस लड़की के साथ कुछ भी हो सकता है। उसे वो लड़का शहर ले जाकर बेच सकता है। उससे वेश्यावृत्ति करवा

सकता है। इस बीच पहाड़ में यूँ भी मानव तस्करी की घटनाएँ बढ़ी हैं। और हो सकता है ऐसा कुछ न हो। लड़का सचमुच लड़की को चाहने लगा हो। और गाँव में रह रही एक लड़की की ज़िंदगी शायद बदल ही जाए। यह फ़ैसला उसके जीवन की नई यात्रा का पहला पड़ाव बन जाए शायद। जब आप एक यात्री होते हैं तो आप ख़ुद को संभावनाओं की नदी में बहने के लिए खुला छोड़ देते हैं। शायद यही यात्राओं की ख़ूबसूरती भी है।

खाना खिलाने के बाद उस महिला ने हमें विदा किया। हमने अपना नंबर उनके पास छोड़ दिया और उम्मीद की कि उनकी लड़की की ज़िंदगी कोई परदेसी लड़का ख़राब न करके चला जाए। इतना ही इस वक़्त किया जा सकता था शायद। खाना खाने के बाद हमारे जाते वक़्त महिला ने बताया कि कल आगे बढ़ने के लिए हमें यहीं से वापस आना होगा। क्योंकि हमारे अगले पड़ाव बूदी का रास्ता यहीं से जाता है।

''कल चाय पी जाना हाँ जाते हुए।''

महिला ने बड़े अधिकार भाव से कहा। अब हम उसकी ज़िंदगी के एक अहम राज़ के राज़दार जो थे। हम कल आने का वादा कर आगे बढ़ गए। वो महिला वापस अपनी रसोई को टान्जने में जुट गई। अपने ज़ेहन में उस लड़की का काल्पनिक चेहरा लिए हम आगे बढ़ गए। जैसे अभी-अभी एक कहानी सुनी हो हमने जिसका हमारी अपनी ज़िंदगी से कोई ताल्लुक़ ही ना हो। यात्राओं के बीच बनने वाले ये कुछ देर के रिश्ते आपके अनुभवों को सींचकर आपको ज़िंदगी के और क़रीब पहुँचा देते हैं। इन रिश्तों की यही क्षणभंगुरता आपको एक इंसान के रूप में और व्यावहारिक बना देती है।

गाला पहुँचते-पहुँचते साँझ घिर आई थी। आकाश के दूसरे छोर पर हलके बादल घिर रहे थे। एक विशाल पेड़ का ठूँठ नीले आकाश के नीचे बिना पत्तियों के एकदम नग्न खड़ा था। हम जिस ऊँचाई पर थे वहाँ चारों ओर इतनी हरियाली दिख रही थी कि यह बंजर-सा पेड़ भी बहुत ख़ूबसूरत लग रहा था। कुमाऊँ मंडल विकास निगम के गेस्ट हाउस में हमें एक कमरा दे दिया गया था। यह एक बड़ा सा हॉल था जिसमें कई चारपाइयाँ बिछी हुई थीं। गेस्ट हाउस के इंचार्ज ने बताया कि बीते दिन ही कैलास मानसरोवर

यात्रियों का एक जत्था यहाँ से निकला है। हम बिस्तर में लेटे तो कुछ ही देर में थकान ने ख़ुद को नींद में बदल दिया।

क़रीब आठ बजे दरवाज़े पर दस्तक हुई। डिनर तैयार था। आईटीबीपी के जवानों की टोली भी आज यहाँ ठहरी थी। उन्हीं के साथ डिनर करके हम अपने कमरे में लौट आए। ठंढ अब बढ़ गई थी। रजाई तानकर हम दस बजे सो चुके थे। कल सुबह जल्दी निकलना था। कल की यात्रा क़रीब इक्कीस किलोमीटर की जो थी।

देर रात जब नींद खुली तो बाहर से आती बारिश की बूँदों की आवाज़ कानों में पड़ी। यह बारिश बस कुछ फुहारों तक सीमित रही तो कल की यात्रा कुछ और ख़ुशनुमा हो सकती थी, लेकिन अगर बारिश तेज़ हो गई तो हमारी परेशानी का सबब भी बन सकती थी। हमने बरसात के मिज़ाज को वक़्त पर छोड़ दिया। रात और गहरी होती रही और कुछ देर में नींद भी रात के रंग में रंग गई।

एक बूढ़ी मुस्कान

दिन : चार

17 जून 2015

गाला–बूदी

सुबह उठे तो मौसम खुला हुआ था। नाश्ता करके हम क़रीब साढ़े सात बजे गेस्ट हाउस से रवाना हो गए। कुछ आगे बढ़े तो नेपाल में मौजूद अन्नपूर्णा पर्वत शृंखला का पिछला हिस्सा हमें दिखाई देने लगा। हरी पहाड़ियों के बीच बर्फ से ढका यह पर्वतखंड अलग ही नज़र आता है। आगे चलकर हमें बताया गया कि इस पर्वत शृंखला को अपि माउंटेन कहा जाता है। जैसे-जैसे हम आगे बढ़ते जाते अपि नाम का यह पहाड़ भी खिसकता चला जाता जैसे यह पहाड़ भी हमारे साथ यात्रा कर रहा हो। नेपाल के उत्तर पश्चिम में मौजूद यह पर्वत शृंखला नाटकीय तरीक़े से स्थानीय बसावटों के का.फी नज़दीक है। शायद इसलिए ब.र्फ से ढका यह पहला पहाड़ है जो हमें कुछ ऊपर चढ़ते ही काफ़ी हद तक नज़र आने लगा था।

कुछ ही देर में हम मल्ला जिप्ती में थे। उसी ढाबे पर जहाँ कल हमने महिला और उसकी लड़की की कहानी सुनी थी। महिला ने हमें चाय पिलाई और बताया कि क़रीब दो किलोमीटर चलने के बाद हमें इस ऊँचे पहाड़ से उस पहाड़ की एकदम तलहटी पर पहुँचना है। बताया जाता है कि इस तीखी ढलान में चार हज़ार चार सौ चौवालीस सीढ़ियाँ हैं। क़रीब चार किलोमीटर की इस ढलान में उतरना कितना मुश्किल हो सकता है इसका अंदाज़ा हमें अभी तक नहीं था।

क़रीब दो किलोमीटर सीधी पगडंडी पर चलने के बाद अब ढलान शुरू हो चुकी थी। पहाड़ की चोटी से पहाड़ की तलहटी का स.फ़र। ढलान इतनी कि शरीर पर लगातार एक लंबवत-सा दबाव बना हुआ था। रात की बारिश ने मौसम को ज़रूर ख़ुशनुमा बना दिया था। हल्की-हल्की धूप पहाड़ों पर अपनी जगह बदलती रहती। और हम लगातार उतरते चले जाते। कहीं दूर से कुछ घंटियों की आवाज़ आती और फिर किसी मोड़ पर अचानक हमारी मुलाक़ात खच्चरों, घोड़ों या फिर भेड़ों के झुंड से हो जाती।

इन जानवरों को हाँकते हुए चरवाहे योरोपीय .फिल्मों के कॉवबॉय किरदार की तरह लगते। सिर पर काली हैट, पैरों में काले या भूरे गमबूट, मुँह पर एक सीटी, सतरंगी-सी बेल्ट, कानों में लगे इयरफोन और कमर में कहीं लटकता मोबाइल .फ़ोन या रेडियो। इन्हें आप कुछ देर यूँ ही चलते

हुए, ख़ास आवाज़ों में अपने जानवरों को हाँकते हुए देखते चले जाइए तो सिनेमा किसी परदे का मोहताज़ नहीं रह जाता।

कुछ देर इन्हें आते और फिर दूर जाते हुए देखते चले जाने को अपने कैमरे में क़ैद कर हम आगे बढ़ रहे थे। पत्थरों के खड़ंजे पर उखड़ते हुए से चलते पैर कुछ जल्दी थक जाते हैं। अब धूप भी कुछ तेज़-सी होने लगी थी। कपड़े पसीने से भीगते चले गए। शरीर को पसीना-पसीना करते क़दम बिना रुके आगे बढ़ते चले जा रहे थे।

रास्ते भर में कुमाऊँ मंडल विकास निगम की ओर से पत्थरों को रंगकर उनमें तरह-तरह के नारे लिखे गए थे। लगता था कि ये नारे किसी संवेदनशील और जानकार अधिकारी ने लिखवाए हैं। पर इन्हें लिखते हुए वर्तनी की तमाम अशुद्धियों ने इन्हें कहीं-कहीं मज़ाक़ का पात्र बना दिया है। पर अगर आप इन अशुद्धियों को नज़रअंदाज़ कर दें तो ये उद्धरण यात्रियों के लिए प्रेरणा देने वाले तो थे ही। कैलास मानसरोवर यात्रा का रास्ता होने के चलते इन उद्धरणों में भक्ति-भाव की भी कोई कमी नहीं थी। भक्ति-भाव के चलते ही उम्रदराज़ लोग भी इस दुरूह-सी यात्रा में शामिल हो जाते हैं और इसे सफलतापूर्वक पूरा भी कर आते हैं।

क़रीब दो किलोमीटर चलने के बाद एक शेल्टर दिखाई दिया तो कुछ देर सुस्ता लिए। अभी दो किलोमीटर का और उतार था। और उसके बाद महाकाली नदी के किनारे-किनारे बाक़ी दिनभर गुज़रना था चलते हुए।

आगे चलते हुए जबकि पहाड़ पर एक पगडंडी ऐसे उतरती चली जाती थी, जैसे कोई अंतहीन ढलान हो। ऐसा क्या था जो चलाता जा रहा था? पसीने की हर एक बूँद, माथे की हर एक शिकन, तेज़ हो जाती साँसों के उतार-चढ़ाव की गति और हर एक पड़ाव पर सुस्ता कर मिल जाने वाली राहत के आख़िर मायने थे? हर नया नज़ारा, हर नया मोड़ और रास्ते में मिल जाने वाला हर नया शख़्स जैसे ज़िंदगी में किसी अनूठे अनुभव की तरह जुड़ता चला जाता हो। हर नएपन से मिलना ख़ुद को और क़रीब से जान पाने की जद्दोजहद की तरह होता है इसलिए यात्राएँ शायद आपको ख़ुद के और क़रीब ले जाती हैं। यात्राओं की अच्छी बात यह होती है कि वो आपको

अंतराल देती हैं। वो लम्हे देती हैं जिनमें आप बीतते हुए को थामकर देख सकें। शहर आपके उस नितांत निजी स्पेस पर लगातार घाव कर रहे होते हैं, यात्राएँ मरहम की तरह उन घावों को भरने का काम करती हैं।

महाकाली नदी से एक बार फिर हमारी मुलाक़ात हुई। हम विन्ध्याकोटी की तलहटी में थे। ख़ूब थके पर हारे नहीं। भूख अब दस्तक दे चुकी थी। नाश्ते का समय आ चुका था। कोई एक ठौर अब तलाश के दायरे में था जहाँ ठहरकर सुस्ताने के साथ नाश्ता किया जा सके। अगले कुछ मिनटों में हम लखनपुर में थे। नदी किनारे एक छोटी-सी गुमटी जहाँ एक बुज़ुर्ग उनीदें बैठे हुए थे। हमारी आहट ने उन्हें जगाया। छोटा क़द, चेहरे पे एक अधूरी-सी मुस्कराहट जो मुस्कराहट जैसी भी नहीं लग रही थी। कम सुनते थे। इस गुमटी में हमारी ज़रूरत की चीज़ें दिख ही गई थीं। चाय, ऑमलेट बन रहा था और हमारी नज़र मैगी पर पड़ी। यात्रा से पहले अपनी वेबसाइट में मैगी की बेवफाई पर एक लेख लिखा था। समय के इस हिस्से में मैगी बैन था। पर यात्राएँ तमाम दुनियावी प्रतिबंधों का एक शांत विद्रोह ही तो होती हैं। हमें मैगी भी खाना था।

"क्यों.. मैगी पर तो बैन है ना.. आप फिर भी बेच रहे हैं?"

रोहित ने पूछा तो बुज़ुर्ग ने सपाट उत्तर दिया, "यहाँ कुछ नी होता, ये उश टाइम का मैगी हैई जो नहीं।"

उस बातचीत के बीच रोहित बुज़ुर्ग की मैगी के साथ एक तस्वीर उतार ही रहा था कि बुज़ुर्ग ने उसे टोका।

"अरे इशका फ़ोटू मत उतारो। कहीं छाप दोगे तो खाल्ली हमारी आफत।"

वो मैगी वाली रैक के सामने से हट गए और चूल्हे की तरफ़ चले गए।

"हम तो यादगारी के लिए खींच रहे थे फ़ोटो, आप कहते हैं तो नहीं लेते मैगी के साथ, पर बिना मैगी वाली तो चलेगी ना?"

उन्होंने कुछ कहा नहीं पर वो हामी ही थी। वो नाश्ता तैयार करते रहे और रोहित और मैं उनकी कुछ तस्वीरें उतारते रहे। वो हल्का-हल्का शरमा

भी रहे थे।

"अब तो बूढ़े हो गए हैं हम, हमारी फोटो जो कहाँ अच्छी आएगी?"

चाय में चीनी डालते हुए उन्होंने कहा। रोहित ने कैमरा आगे बढ़ा दिया। डिस्प्ले पे अपनी तस्वीर देखकर उनका चेहरा खिल उठा। तस्वीर अच्छी थी।

"हमें भी भेज देते फोटू तो कुछ होता। खाल्ली हुआ ये। खींचके अपने पास रख लेते हैं सब।"

उन बुज़ुर्ग का उत्साह देखके लग रहा था कितनी कमाल की चीज़ है कैमरा। बिना किसी हिचक के कुछ ही देर में आपको लोगों के कितने क़रीब ले आता है। और फिर आपके क़रीब ही बनाए रखता है अरसे तक। जैसे आपके ज़ेहन का कोई हिस्सा हो हर तस्वीर जिसे डिजिटल फ़ॉर्म में आप सहेजकर रख लेते हैं। अंग्रेज़ी में कहें तो एक एक्सटेंडेड माइंड।

प्लेट में गरम-गरम ऑमलेट आ चुका था। चाय की चुस्कियाँ थके शरीर को राहत देने में जुट गई थीं। और बुज़ुर्ग हमें बता रहे थे कि वो रोज़ अपने घर जिप्ती से यहाँ आते हैं। माने रोज़ वो इस चार किलोमीटर की दुरूह चढ़ाई को पहले उतरते हैं और फिर चढ़ते हैं। क़रीब सत्तर साल का एक बूढ़ा आदमी किसी पहाड़-सा ही मज़बूत होगा जो अपनी आत्मनिर्भरता को बरक़रार रखने की ताब जीवन के इस मोड़ पर भी ख़ुद में समेटे है।

मन-ही-मन उन्हें सलामी देकर हम आगे निकल गए। क़रीब बारह बज गए थे। सफ़र अभी लंबा था।

लखनपुर से आगे निकलते हुए आप आकाश से ऊँची पहाड़ियों से घिरे हुए होते हैं। उफनती हुई महाकाली नदी के किनारे-किनारे एक सँकरा खड़ंजा आपके हर का क़दम का गवाह बनता है। एक जनशून्य घाटी है यह। धीरे-धीरे हम एक पहाड़ चढ़ रहे थे। बिंध्याकोटी के तीखे उतार के बाद अब यह बहुत हल्की-सी चढ़ाई कुछ राहत देने वाली थी। लेकिन जैसे ही ज़रा भी चढ़ाई आती साँसें परेशान होने लगतीं। अभी हमारी चलने की आदत बनने की प्रक्रिया में थी शायद। शायद आने वाले दिनों हमें चलना

आज से कम खलने लगे।

आने वाला दृश्य हमारे लिए अजनबी था। हम तीनों ब्यास घाटी की इस अनछुई ज़मीन पर पहली बार चल रहे थे और मौसम हमारी सहूलियत की उँगली थामे हमारे साथ चल रहा था। क़रीब चार किलोमीटर चलने के बाद एक मोड़ पर कुछ सीढ़ियाँ एक पहाड़ पर चढ़ने लगीं और ठीक सामने एकदम चंचलता से पहाड़ों पर फुदकता हुआ एक झरना था। हम कुछ देर उस झरने को निहारते रहे। जैसे अभी-अभी किसी छायाकार ने कोई ख़ूबसूरत वालपेपर हमारे सामने रख दिया हो।

अगले कुछ एक किलोमीटर बाद हम एक ऐसी जगह पर थे जहाँ तबाही के निशान अब भी दिखाई दे रहे थे। एक पूरा पथरीला पहाड़ कई मौतों का गवाह बना अब भी वहाँ बिखरा हुआ था। वो सन्नाटा कई मौतों के शोर से हिसाब माँगता अब भी उन पत्थरों के नीचे कहीं दबा हुआ था।

बात सन 1998 की है जब मालपा नाम की इस जगह पर पहुँचे थके-हारे यात्री देर रात गहरी नींद में सोए हुए थे। अगली सुबह उन्हें कैलास मानसरोवर की अपनी यात्रा के अगले पड़ाव के लिए निकलना था। देर रात बहुत तेज़ बारिश हुई। और कुमाऊँ मंडल विकास निगम के गेस्ट हाउस के पीछे खड़ा पहाड़ चुपचाप एक ख़तरनाक हत्यारे में तब्दील हो गया। शायद कोई बिजली गिरी वहाँ और पूरा पहाड़ टूटकर उस गेस्ट हाउस के ऊपर आ गिरा। तीन सौ के क़रीब जानें उस कुछ आधे घंटे में चली गईं। और यह सिलसिला अगले कुछ दिनों तक चलता रहा। कुछ मलबे में दबे मिले, कुछ घायल रास्ते में दम तोड़ने लगे। एक पत्थर पर उस हादसे में मरे लोगों के लिए श्रद्धांजलि वहाँ अब भी ताज़ा-ताज़ा लिखी गई थी। लेकिन आस्था ही है कि अब भी लोग कैलास मानसरोवर की इस यात्रा में उसी ऊर्जा से आते हैं। हम कुछ देर यहाँ रुके। मुझे यह जगह उस क़ातिल की तरह लगी जिसे सालों बाद आज इस बात का अफ़सोस हो कि उसने सैकड़ों जानें लील लीं। पथरीली चट्टानों से घिरी एकदम उखड़ी हुई और बेरंग सी एक जगह थी यह।

कुछ आगे पहुँचे तो हम मालपा गाँव में थे। यही कोई आठ-दस घर

होंगे वहाँ। हमारे जैसे यात्री ही ब्यांस घाटी के इन गाँवों के रवासियों के लिए रोज़गार का ज़रिया हैं। ऐसे ही एक छप्पर वाली दुकान पर हमने अपने-अपने बैग टिकाए। और बाहर बैंच पर पसरी धूप के बग़ल में हम भी पसर गए। हल्की-हल्की ठंढ में यह धूप इस वक़्त बहुत अच्छी लग रही थी।

दुकान के मालिक यहाँ भी बुजुर्ग ही थे। दोनों पति-पत्नी थे शायद। कम बोलने वाले और ज़्यादा काम करने वाले। जब तक वो खाना बनाते हम कुछ देर अपनी-अपनी थकी देह को आराम देते रहे। हमारे बग़ल में एक ख़ूबसूरत फरों वाली भेड़ हमें निहारती हुई घास चरती रही।

एक छोटी-सी जगह में कुछ चारपाइयाँ भी लगाईं गई थीं जो रात में यात्रियों के ठहरने के लिए थीं। एक तरफ़ पुरानी-सी रैक में बहुत पुराने से लग रहे बर्तन रखे हुए थे। और नीचे मिट्टी की एक छोटी दीवार थी जिसपर चूल्हे लगे हुए थे। ठीक सामने बने दरवाज़े पर ताज़ा-ताज़ा रोशनी पड़ रही थी और लग रहा था कि कुछ जगहें ऐसी होती हैं जहाँ पुरानेपन में भी ताज़गी नज़र आती है। यह जगह उन जगहों में से एक थी।

दाल, चावल और सब्ज़ी खाकर हम कुछ देर और सुस्ताते रहे। पर अब हमें निकलना था। अभी क़रीब पाँच किलोमीटर का सफ़र बाक़ी था। दो बज चुका था। हमारा लक्ष्य यही था कि हम अपने हर दिन के आख़री पड़ाव पर उजाला रहते पहुँच जाएँ। अँधेरे में जंगली जानवरों का भी डर था और रास्ता भटकने का भी। हमने मालपा के उन बुजुर्गों से विदा ली और आगे बढ़ गए।

मालपा का अगला पड़ाव था लमारी। मालपा से क़रीब तीन किलोमीटर आगे बढ़ने के बाद रोहित ने सामने एक चट्टान की तरफ़ इशारा किया। और बताया कि यह ग्लेशियर है। उस चट्टान को क़रीब से देखा तो यह दरअसल बर्फ़ का एक सख़्त हो चुका टुकड़ा ही था जो ऊपर से मटमैला था। इस चट्टान के बीच से गुज़रती एक सुरंगनुमा जगह से महाकाली नदी बहती चली आ रही थी और धूप इस बर्फ़ के टुकड़े को लगातार पिघला रही थी। मैंने अपनी ज़िंदगी का पहला ग्लेशियर बस अभी-अभी देखा था।

हालाँकि ग्लेशियर कहने पर जो ख़ूबसूरत नज़ारा आपके सामने बनता है उससे मिलता-जुलता भी यहाँ कुछ नहीं था। पर अभी हम इतनी ऊँचाई पर थे भी नहीं जहाँ एकदम ताज़ा बर्फ़ के ग्लेशियर हमें दिखने लगें। रोहित ने बताया कि आगे हमारी कई ग्लेशियरों से मुलाक़ात होगी। चाहे बहुत ख़ूबसूरत न हो पर पहले ग्लेशियर से मिलने का उत्साह तो था ही।

लमारी पहुँचते-पहुँचते पाँच बज गया था। यहाँ आईटीबीपी की एक बटालियन है। उन्हीं के एक जवान ने हमें बताया कि अभी चार किलोमीटर और चलना है। पर एक चाय बनती थी। चाय पीकर हम आगे बढ़ गए। उजाला अब लगभग डेढ़ घंटे तक हमारा साथ देने वाला था। तो इस डेढ़ घंटे में चार किलोमीटर चलना एक चुनौती ही था हमारे लिए।

कुछ आगे एक और झरना दिखाई दिया। बहुत ऊँचाई से गिरता एक शांत-सा झरना। धूप अब तक जा चुकी थी पर शरीर लगातार गर्म और पसीने से नहाया हुआ था। अब जैसे-जैसे हवा चलने लगी थी पसीने से भीगे कपड़ों में लिपटे शरीर को कुछ-कुछ ठंढ भी लगने लगी थी। हम लगातार चल रहे थे। थकान अब बहुत बढ़ चुकी थी। अब तक हम क़रीब सत्रह किलोमीटर चल चुके थे।

क़रीब एक किलोमीटर चलने के बाद हमें एक पहाड़ी पर गेस्ट हाउस की संरचना दिखाई दी। हम ख़ुश हुए कि चलो अब हमारी आज की मंज़िल पास ही है। हम चलते तो जा रहे थे पर पहाड़ पर बना वो गेस्ट हाउस पास आने का नाम नहीं ले रहा था। आईटीबीपी के एक जवान से हमारी फिर मुलाक़ात हुई उसने बताया कि घूमकर उस पहाड़ी तक पहुँचना है और अभी क़रीब एक किलोमीटर की दूरी हमें और तय करनी है। पर अब एक-एक क़दम भारी लगने लगा था। पीठ पर दस किलो के बोझ का भारीपन अब समझ आने लगा था। ठंढ लगातार बढ़ रही थी। और अँधेरा अब गहराने लगा था।

बूदी के उस गेस्ट हाउस तक पहुँचते-पहुँचते साढ़े छह बज चुका था। सूरज के कोयले में अभी आख़िरी चिंगारी बाक़ी थी। हमें गेस्ट हाउस में एक कमरा दिया जा चुका था। एकदम साफ़ सुथरा कमरा जिसमें बिस्तर पर

लगे गद्दे-रजाई और चादर भी एकदम नए लग रहे थे।

हमारे कैमरे और फ़ोन की बैटरी पूरी तरह ख़त्म हो चुकी थी। फ़ोन तो चार्ज ना भी हो पर कैमरे का चार्ज होना ज़रूरी था। यह गलती ही थी पर अतिरिक्त बैटरी मेरे पास नहीं थी। और वो ख़ूबसूरती जिसे अपने इस कैमरे में क़ैद करना था वो अगले पड़ावों पर ही थी।

हमारे आग्रह पे कमरे में बिजली का इंतज़ाम कर दिया गया।

"सर बस डेढ़ दो घंटे ही चला पाएँगे जेनरेटर... आप इतनी देर में चार्ज कर लीजिएगा।"

गेस्ट हाउस के मैनेजर ने बड़े आग्रह भाव से कहा था। दो घंटे हमारी तकनीकी सामग्रियों में जीवन फूँकने के लिए काफ़ी थे।

यहाँ हमारे आलावा आदि कैलास से लौटा एक दल भी था। खाने में हमारी उम्मीद से काफ़ी अच्छी व्यवस्था थी। गर्मागर्म खाना खाकर हम कमरे में लौटे।

वापस लौटकर काफ़ी देर तक मोहन भाई और रोहित मार्क्सवाद के मौजूदा स्वरूप पर चर्चा करते रहे। बहस थोड़ी ही देर में गर्म हो चुकी थी। यह ठंडा कमरा शायद उसी बहस से अब कुछ गर्म-सा लग रहा था। ऐसी बहसें यूँ तो अंतहीन होती हैं लेकिन हमें इसे विराम देना ज़रूरी था। अगली सुबह की शुरुआत में ही हमें तीन किलोमीटर की बड़ी मुश्किल चढ़ाई चढ़नी थी। छियालेख की चढ़ाई।

सम्मोहन

दिन : पाँच

18 जून 2015

बूदी–गुंजी

पिछली रात थकान के चलते नींद बहुत गहरी आई। सुबह उठते-उठते सात बज गया। हमने सोचा तो था कि आज सुबह पाँच बजे के आस-पास हम आगे बढ़ जाएँगे क्योंकि छियालेख की चढ़ाई के बारे में हमें पहले ही डराया जा चुका था और हम इस चढ़ाई को जल्दी पार कर लेना चाहते थे। लेकिन सुबह जब आँख खुली तो बाहर बारिश हो रही थी। कमरे से बाहर निकले तो एक यात्री ने बताया कि बारिश रात भर हुई है।

इस इलाक़े में रात भर बारिश का मतलब था कि रास्ते ख़राब ज़रूर हुए होंगे। और बारिश अब भी थमी कहाँ थी! अब हम इस ऊहापोह में थे कि आज आगे बढ़ें या फिर यहीं ठहर जाएँ। पर यहीं ठहर जाना हमारी यात्रा के शेड्यूल को गड़बड़ाना ही था, और लोगों ने बताया कि अभी हालात बिलकुल भी ख़राब नहीं हैं, बारिश रुकते ही हमें आगे बढ़ जाना चाहिए। गेस्ट हाउस में मिले एक यात्री ने हमें इशारा करके बताया कि हमें सामने दिख रहे उस ऊँचे पहाड़ की चोटी के क़रीब पहुँचना था। वाक़ई में यह देखने पर ही मुश्किल लग रहा था पर इस शुरुआती चढ़ाई के बाद आगे गुंजी तक का रास्ता एकदम सीधा है, यात्री की इस बात ने हमें राहत ज़रूर दी थी उस वक़्त। हम बारिश थमने का इंतज़ार करने लगे और बारिश लगातार होती रही।

हाथ-मुँह धोकर हमने कपड़े बदले। गेस्ट हाउस की कैंटीन में बिस्किट, दूध और कॉर्नफ़्लेक्स नाश्ते में दिए जा रहे थे। हमने नाश्ता किया और कुछ देर में अपना सामान समेटकर हम ऊपर पगडंडी के किनारे बने ढाबे पर चले गए।

ढाबे पर इस इंतज़ार के बीच इस भीगी-सी सुबह में बूदी को ज़रा इत्मीनान से देखने का मौक़ा भी मिल गया। एकदम हरे और अनंत ऊँचे पहाड़ों की एकदम तलहटी में बसा था यह छोटा-सा गाँव। इस ढाबे से यूँ भी गाँव का बहुत छोटा हिस्सा ही दिखाई दे रहा था। ढाबा चलाने वाले ने बताया कि गाँव यहाँ से क़रीब पाँच सौ मीटर की दूरी पर है।

अभी तक की यात्रा में सबसे ज़्यादा ठंढ यहीं बूदी में आकर लगी। रात को यहाँ पहुँचते ही मैंने अपना सबसे गर्म जैकेट निकालकर पहन लिया

था और तब भी शरीर तब तक कँपकँपाता रहा जब तक बिस्तर में पहुँचकर रज़ाइयाँ नहीं ओढ़ लीं। आज भी ठंढ काफ़ी थी। बारिश ने हवा को और अधिक नम और सर्द कर दिया था।

चाउमीन और चाय ऑर्डर देते समय क़रीब साढ़े आठ बज रहा था। बारिश कुछ देर में रिमझिम में बदल गई थी। चाय और चाउमीन खाते-खाते बारिश भी थम गई थी। नौ बजे के क़रीब हम अपने आगे की यात्रा के लिए निकल पड़े। अब हमें छियालेख की चढ़ाई चढ़नी थी।

क़रीब पाँच सौ मीटर आगे एक सीधा रास्ता गाँव की तरफ़ जा रहा था और दूसरा रास्ता जो ऊपर की तरफ़ चढ़ रहा था वो छियालेख का था।

अच्छी बात यह थी कि जो चढ़ाई हमें चढ़नी थी वो दिन के एकदम शुरुआत में थी। शुरुआत में थकावट कुछ कम रहती है तो शरीर में कुछ ज़्यादा फुर्ती भी बनी रहती है। रात-भर की बारिश ने रास्ते को कुछ मुश्किल ज़रूर बना दिया था। खड़ंजे के पत्थरों के बीच जो मिट्टी थी वो कीचड़ में बदल गई थी। पैर कहीं-कहीं फिसल रहे थे। हमें संभल कर चलना था।

क़रीब एक किलोमीटर चलते-चलते हम थक गए थे। कुछ ऊपर ही यात्रियों के विश्राम के लिए एक जगह बनाई गई थी जहाँ कुछ बैंच थे जिन्हें गोल छत से ढका गया था। इस बैंच पर सुस्ताते हुए हमें क़रीब पैंतालीस साल के एक शख़्स मिले जो पशु चिकित्सा विभाग में थे। मोहन भाई से मिलकर उन्हें ज़रा तसल्ली हुई कि अपने विभाग का कोई आदमी मिल गया। उनकी साँस बुरी तरह फूल रही थी। पर सरकारी नौकरी उन्हें यहाँ इतनी तीखी चढ़ाई चढ़ने पर मजबूर कर रही थी। यह यात्रा हमारी तरह उनके लिए शौक़ नहीं थी। ज़िंदगी एक ही परिस्थिति को हम लोगों में किस तरह से बाँट देती है! जो हमारा शौक़ था वो उनकी मजबूरी थी।

कुछ देर हमारे साथ सुस्ताकर वो आगे बढ़ गए। उन्हें पता था कि वो हमसे धीमे चलने वाले हैं इसलिए हमसे जल्दी वो आगे बढ़ गए ताकि आगे हमारा साथ पा सकें।

वो गए ही थे कि एक नेपाली मज़दूर हमसे क़रीब दस गुना बोझा उठाए इस विश्राम स्थल पर आया। उसने अपना बोझा पटका। और एक गहरी

साँस लेकर बैंच पर बैठ गया। वो गर्बियांग से वापस लौट रहा था। हमने उसे पानी दिया। पहली बार आनाकानी करने के बाद दूसरी बार उसने पानी की बोतल ले ली। थोड़ा-सा पानी पीकर उसके चेहरे की शिकन कुछ कम ज़रूर हुई। यह दूसरा सह-यात्री था जिसके लिए यह यात्रा कोई शौक़ नहीं, बल्कि मजबूरी थी। और इसकी मजबूरी ने क़रीब तीस किलो का बोझ भी उसकी पीठ पर लाद दिया था। मजबूरियाँ भी तो कितनी तरह की होती हैं!

कुछ देर में हम भी आगे बढ़ गए। सुस्ताने के बाद अब क़दम कुछ और तेज़ हो गए थे। आसमान में एक हेलीकॉप्टर तैरता हुआ उस सन्नाटे को चीर रहा था जो हमारे आस-पास बिखरा हुआ था। यह हेलीकॉप्टर धारचूला से गुंजी तरफ़ ही जा रहा था। जो यात्रा हमने तीन दिन में पूरी करने वाले थे उसे यह हेलीकॉप्टर पंद्रह मिनट में तय करके कुछ ही देर में लौट भी आएगा। पर अनुभवों का कोई शॉर्टकट नहीं होता। तीन दिनों के अनुभव पंद्रह मिनट में नहीं बटोरे जा सकते और हमारी ज़िंदगी से ख़त्म होती जा रही पैदल यात्राओं का रोमांच कोई भी तकनीक किसी और तरीक़े से हमें नहीं दे सकती।

क़रीब एक और किलोमीटर चलने के बाद हम फिर थक चुके थे। और सामने पहले जैसा ही एक और विश्राम स्थल बना हुआ था। इस विश्राम स्थल से ठीक पहले बनी पानी की एक टंकी पर दो महिलाएँ पानी पी रही थीं। टंकी पर पहुँचकर मैंने उनसे जानना चाहा कि वो कहाँ जा रही हैं तो उन्होंने बताया कि उन्हें गुंजी जाना है। माने यह कि गुंजी तक हमारी सहयात्री थीं। उनमें से एक महिला बहुत शर्मीली थी और शायद कम बात करती थी। और दूसरी मेरे सवालों के बड़े सहज भाव से जवाब दे रही थी। उस दूसरी महिला ने बताया कि वो शादी के बाद पहली बार अपने मायके लौट रही है। उसकी शादी नेपाल में हुई है यही कोई दो साल पहले।

विश्राम स्थल के ठीक पीछे अपि माउंटेन का एकदम विहंगम दृश्य था। यह पर्वत जो रास्ते भर टुकड़ों में हमारे साथ चलता रहा था अब अपने विस्तार में हमें दिखाई दे रहा था। उसकी चोटियों पर ताज़ा-ताज़ा पड़ी बर्फ़ की ताज़गी तक हमारी नज़रें पहुँच रही थीं। मैंने अब तक बर्फ़ से ढके

किसी पहाड़ को इतनी नज़दीक से पहली बार देखा था। लेकिन हमें जहाँ जाना था वहाँ इससे ख़ूबसूरत पहाड़ हमारे क़दमों के एकदम क़रीब दिखाई देने थे। अपि माउंटेन की इस ख़ूबसूरत रेंज को देखने के बाद ओम पर्वत और आदि कैलास पहुँचने का रोमांच अब कई गुना बढ़ गया था। इतनी ऊँचाई पर बनी वो दुनिया आख़िर कैसी होगी आधी थकान इसी उत्साह में मिट गई थी।

खच्चरों के कई झुंड अपने-अपने मालिकानों के साथ लगातार ऊपर चढ़ रहे थे। उनकी रफ़्तार हमसे कुछ ज़्यादा ही थी। नीचे उतरते हुए भी लचकते हुए खुरों की मेहनत ग़ौर से देखने पर खच्चरों के चेहरों पर भी नज़र आ रही थी। ऊबड़-खाबड़ पत्थरों पर पीठ पर लदे भारी बोझ के साथ संतुलन बना पाना बड़े परिश्रम का काम था उसपर वक़्त-वक़्त पर पीठ पर पड़ती खपच्चियों का डर भी। इन जानवरों के अपने नाम भी थे। कभी लक्ष्मी राह भटकती तो अपने मालिक से अपने नाम की फटकार सुनकर वो रास्ते पर आ जाती। शारदा को भी अपने मालिक की सीटियों से कुछ ऐसा ही डर था। इंसान और जानवरों की इस जुगलबंदी में कहीं भी ग़लतियों की गुंजाइश नहीं थी। रास्ते इतने सँकरे और ख़तरनाक थे कि एक ग़लती और किसी की जान पर बन आ सकती थी।

अब तक चलते-चलते हम काफ़ी ऊपर आ चुके थे। तीन किलोमीटर की इस चढ़ाई को चढ़ना सचमुच इतना आसान नहीं था। उस पर रास्ते में कहीं-कहीं फिसलन भी थी। ख़ासकर उन जगहों पर जहाँ रास्ता केवल मिट्टी का बना था। चलते-चलते एक सुरंगनुमा जगह से हम जैसे ही गुज़रे पूरी दुनिया जैसे अचानक एकदम खुल गई। हम हरी घास के बुग्याल के बीच एक टीले पर खड़े थे। चारों ओर सुंदर खेत, उन खेतों पर बिखरी हुई हरियाली और उस विस्तार के किनारों पर सजे ख़ूबसूरत पहाड़। अपि माउंटेन अब भी हमारे एकदम सामने खड़ा मुस्कुरा रहा था। इस ऊँचाई से देखने पर ऐसा लग रहा था जैसे हम उस पहाड़ के एकदम सामने खड़े हों। इस नज़ारे को देखकर पिछले तीन किलोमीटर की चढ़ाई की थकान चुपचाप उतर गई।

हम काफ़ी देर तक उस टीले पर बैठे रहे। साथ में वहीं बैठे एक चरवाहे ने बताया कि यहाँ पर नेपाल का नेटवर्क आता है। उसके पास नेपाल की सिम थी। यह एक रोचक बात थी कि धारचूला के बाद भारत की सीमा में भारत का नेटवर्क नहीं आता पर नेपाल का नेटवर्क मिल जाता है। हालाँकि गर्भाधार के बाद यह नेटवर्क भी धूमिल हो जाता है।

छियालेख की इस ख़ूबसूरत घाटी से एक तरफ़ कहीं गहराई में बूदी और उसके किनारे बहती महाकाली नदी दिखाई दे रही थी और दूसरी तरफ़ खुला हुआ मैदानी विस्तार। समुद्र तल से 2378 मीटर की ऊँचाई पर मौजूद छियालेख को फूलों की घाटी के नाम से भी जाना जाता है। हालाँकि यह फूलों के खिलने का मौसम नहीं था। पर इस घाटी में जब रंग-बिरंगे फूल खिलते होंगे तो इसकी ख़ूबसूरती कितनी बढ़ जाती होगी इसका अनुमान हम लगा सकते थे। क़रीब एक घंटे हम इस टीले पर बैठे इस विहंगम दृश्य को अपनी नज़रों में उतारते रहे।

क़रीब एक बज चुका था। यूँ तो वक़्त खाना खाने का था पर हमने तय किया कि हम यहाँ से क़रीब छह किलोमीटर दूर गर्बियांग पहुँचकर खाना खाएँगे। क्योंकि आज का सफ़र अभी अठारह किलोमीटर का था जिसमें से हम अभी तीन ही किलोमीटर चले थे। निकलते हुए ख़राब मौसम के चलते जो देरी हो गई थी उसे कवर करना ज़रूरी था।

यहाँ के एक ढाबे में हमने चाय पी। इस ढाबे का स्थापत्य बहुत सुंदर लग रहा था। लकड़ी के बने इस ख़ूबसूरत से ढाबे की छत गुंबद के आकार की थी। किचन और किराने की दुकान के लिए जो दो कमरे बने थे वो अर्धवृत्त के दो हिस्से में बाँटे गए थे। ये कमरे जिस हिस्से में हम बैठे थे उससे क़रीब एक फ़ुट नीचे थे। लगता था किसी जानकार ने इस संरचना को डिज़ाइन किया है।

अगले आधे घंटे में हम यहाँ से आगे बढ़ गए। कुछ आगे एक चेक पोस्ट थी। छियालेख के बाद का पूरा इलाक़ा इनरलाइन के इलाक़े में आता है। यहीं से हमारे इनरलाइन पास की अहमियत बढ़ जानी थी। इनरलाइन पास या इनरलाइन परमिट दरअसल वो सरकारी दस्तावेज़ या आज्ञा पत्र है

जिसके बिना भारत सरकार देश की अंतरराष्ट्रीय सीमाओं से लगे कुछ ख़ास संरक्षित इलाक़ों में जाने की अनुमति नहीं देती। यह पास एक ख़ास अवधि के लिए बनता है। 1873 में ब्रिटिश सरकार ने 'बंगाल ईस्टर्न फ्रंटियर रेगुलेशन' के तहत यह नियम शुरू किया था ताकि कोई ब्रिटिश नागरिक सीमा से लगे संरक्षित इलाक़ों में बिना अनुमति के न जा सके। इसके पीछे उनका मक़सद चाय, तेल और हाथियों के व्यापार पर 'क्राउन' के हितों की रक्षा करना था। आज़ादी के बाद 1950 में इस नियामक से 'ब्रिटिश' शब्द हटाकर उसे 'इंडियन' कर दिया गया। इनरलाइन पास का नियम मूलतः ब्रिटिश सत्ता के व्यावसायिक हितों की रक्षा करना था, लेकिन ये नियम अब भी इसलिए जारी हैं ताकि इन इलाक़ों की आदिवासीय संस्कृति की रक्षा की जा सके।

तो इस चौकी में हमने अपने-अपने पास दिखाए। एक रजिस्टर में हमारी जानकारियाँ दर्ज की गईं और हम आगे बढ़ गए। हमारे आगे जो दो महिलाएँ चल रही थीं उनके पास एक ख़ास आइडी कार्ड था। उन्हें अलग से किसी पास की ज़रूरत नहीं थी। यह उनका स्थाई पास ही था।

यहाँ से एक चौड़ी सड़क गर्बियांग की तरफ़ जाती है। हम उस सड़क पर लगातार आगे बढ़ रहे थे। क़दमों की रफ़्तार अचानक तेज़ हो गई थी। रास्ता अब बहुत आसान लग रहा था। ईर्द-गिर्द देवदार के घने जंगल थे। और हवा अब कुछ और सर्द हो गई थी। क़रीब ढाई किलोमीटर सीधी सड़क पर चलने के बाद अब हमें नीचे की तरफ़ उतरना था। दूर कहीं गर्बियांग गाँव नज़र आने लगा था। एक मटमैले से रंग की पुरानी-सी बसावट हमारा इंतज़ार कर रही थी।

क़रीब दो-ढाई किलोमीटर के उतार के बाद एकबार फिर से हम एक बुग्याल पर थे। सैकड़ों की संख्या में भेड़ें यहाँ घास चर रही थीं। आस-पास घोड़े और खच्चर भी अपने खाने के इंतज़ाम में लगे थे। हल्की धूप चारों ओर बिखरी हुई थी जिससे यह हरियाली और ख़ूबसूरत हो गई थी। कुछ आगे एक ग्लेशियर था। पहाड़ी से निकलती हुई उस जमी बर्फ़ में ही एक छोटी-सी पगडंडी गुज़र रही थी। इसी पगडंडी से हमें ग्लेशियर या कहें

कि एक छोटा-सा हिमखंड पार करना था।

यहाँ दूर से हमें एक गाँव नज़र आने लगा था। पास ही से गुज़र रहे एक चरवाहे ने बताया कि यह गर्बियांग गाँव है। इस गाँव के बारे में ख़ास बात यह थी कि कई साल पहले यह गाँव जिस पहाड़ पर मौजूद था वो भूस्खलन के चलते एक मलबे में तब्दील हो गया। और पूरा-का-पूरा गाँव धँसकर कई फ़ीट नीचे आ गया। यह कितनी बड़ी त्रासदी रही होगी इसका अंदाज़ा लगाना आज मुश्किल है, लेकिन इस बात का अंदाज़ा ज़रूर लगाया जा सकता है कि इस पूरे इलाक़े के पहाड़ कितने संवेदनशील हैं। कोई तेज़ बारिश कब पूरे इलाक़े के भूगोल को बदल दे यहाँ यह कहना बहुत मुश्किल है। इस लिहाज़ से देखें तो इन इलाक़ों का जनजीवन मृत्यु और आपदाओं से घिरा हुआ है। न जाने वो कौन सी जिजीविषा है कि यहाँ के लोग आज भी अपनी ज़मीन से जुड़े हैं! अपनी धरती से प्यार है या फिर किसी क़िस्म की मजबूरी यह जो भी है कोई बहुत मज़बूत भावना है। इतनी मज़बूत कि पहाड़ दरक जाते हैं और यह भावना तब भी नहीं दरकती।

गर्बियांग पहुँचते-पहुँचते इस इलाक़े के बारे में कई कहानियाँ भी हमें मालूम होने लगी थीं। आपदा के बाद से ही इस गाँव के ज़्यादातर लोगों को उत्तराखंड के सितारगंज में बसा दिया गया है। एक वक़्त था जब यह इलाक़ा आर्थिक रूप से बड़ा संपन्न हुआ करता था। यह वो दौर था जब गुंजी नाम के इलाक़े में (जो यहाँ से क़रीब नौ किलोमीटर की दूरी पर बसा है) भारत, चीन और तिब्बत के बीच व्यापार के लिए मंडी हुआ करती थी। इस इलाक़े के लोग समृद्ध व्यापारी हुआ करते थे। इस गाँव की संपन्नता की वजह से गर्बियांग को तब 'छोटा विलायत' कहा जाता था।

गर्बियांग का उजड़ना हमें दूर से ही नज़र आने लगा था। लेकिन दशकों पुराने घरों की बनावट में उनकी उजड़ चुकी संपन्नता की झलक अब भी मौजूद थी। लकड़ी के बने इन घरों की नक़्क़ाशियाँ बताती थीं कि एक दौर रहा होगा जब लोग शौक़ से अपने आशियाने यहाँ बनाया करते होंगे।

बताया जाता है कि भारत और चीन के युद्ध के बाद ब्यांस घाटी के इस भूगोल की अर्थव्यवस्था काफ़ी हद तक बदल गई। गुंजी मंडी के बंद होने

के बाद व्यापार चीन में मौजूद ताकलाकोट मंडी तक सिमट कर रह गया। आज भी ताकलाकोट में भारत, चीन और तिब्बत के व्यापारी अपने-अपने देशों से माल लेकर जाते हैं और अपनी ज़रूरत का सामान खच्चरों, घोड़ों में भरकर वहाँ से लाते हैं। तकनीकें और यातायात के साधनों ने अब इस व्यापार के आकार को समेट कर रख दिया है। व्यापार अब भी होता है पर उसकी भव्यता जाती रही है और इसके प्रभाव ब्यांस घाटी की बसावटों में साफ़ देखे जा सकते हैं।

गर्बियांग पहुँचे तो एक पत्थर के खड़ंजे के दोनों ओर बने लकड़ी के घर हमारे स्वागत में खड़े थे। ख़ूबसूरत मंगोलाइट शक्लों वाले चिकने चेहरों पर दिन के सवा बजे की धूप पड़ रही थी जो उनकी मुस्कुराहटों को और ख़ूबसूरत बना दे रही थी। हम ऐसी ही मुस्कुराहटों के एक ठिकाने पर जाकर बैठ गए। वहाँ हमारी मुलाक़ात एक शैतान-सी छोटी बच्ची कुहू से हुई। हमने अपने कैमरे से कुहू की कुछ तस्वीरें क़ैद कीं। वहीं एक छोटा-सा सफ़ेद पिल्ला भी कुहू के साथ, हमारे साथ खेलने लगा था। और एक प्यारी-सी लड़की जो यही कोई बाईस साल की रही होगी हमसे खाने का ऑर्डर लेकर खाना बनाने में मशग़ूल हो गई। इस बीच कुछ संतों ने भी वहाँ डेरा जमाया हुआ था। ये लोग रामकृष्ण मिशन से थे। उम्र पचास के ऊपर ही रही होगी। वो आज छियालेख होते हुए बूदी जाना चाह रहे थे। कुछ ही देर में उन्होंने अपना झोला झिमटा समेटा और निकल पड़े।

यहाँ हमारी मुलाक़ात एक ख़ास शख़्स से हुई। नाटा क़द, एकदम सादा कुर्ता-पायजामा, चेहरे पे बेतरतीब उगी दाढी। सिर में ऊनी टोपी। ऊन की पतली-सी स्वेटर। चेहरे पे एकदम निर्मोही से भाव। उम्र पचास साल के आस-पास। उन्होंने बताया कि एक दिन मन किया और यूँ ही निकल आए आदि कैलास देखने। अकेले ही। यूँ ही निकल जाया करते हैं वो यात्राओं के लिए। घर है, बच्चे हैं, लेकिन सब बस चल जाता है। बहुत घूमते हैं। पहाड़ तो पूरा घूम ही लिया है। यह जानकारी देने के बाद वो कुछ पल रुकते हैं और फिर जैसे किसी अनंत में डूबती आँखों में एक चमक लिए वो कहते हैं-

"आदि कैलास जाओगे ना? ग़ज़ब की जगह है। एक बार वहाँ जाकर फिर लौटने का मन नहीं करता। मन करता है वहीं बैठे रहो। ग़ज़ब का सम्मोहन है उस जगह। बिना जाए उसे महसूस नहीं कर सकते। बहुत ख़ूबसूरत जगह है। स्वर्ग ही होगा शायद।"

ये बात उन्होंने जिस ठहराव से कही थी वो ठहराव अब भी कहीं ज़ेहन में ठहरा हुआ है। उनकी उस बात के बाद आदि कैलास को अपने सामने देखने की ललक और बढ़ गई।

खाना लग चुका था। पराठे और ऑमलेट। साथ में सब्ज़ी भी। खाना खाकर हमें उस बाईस साल की लड़की की मुस्कुराहट और मीठी आवाज़ ने विदा किया।

"वापसी में भी आना हाँ। खाना खा के जाना।"

कुहू एक कोने से देखकर मुस्कुरा रही थी। उसकी इस मीठी मुस्कराहट को भी हमारे कैमरे ने भी सीधे ज़ेहन तक उतार लिया था।

हम आगे बढ़ गए। गर्बियांग से गुंजी तक एक कच्ची सड़क जाती है। हमें यह भी बताया गया था कि हर दूसरे दिन आईटीबीपी की गाड़ी गर्बियांग से गुंजी जाती है जो हमें रास्ते में कहीं मिल सकती है। वैसे भी हमें यहाँ क़रीब ढाई बज गए थे और सफ़र अभी काफ़ी था। हम गाड़ी मिलने की उम्मीद ही कर सकते थे। हालाँकि गाड़ी न भी मिले तो अब चलने में कोई ख़ास दिक्कत नहीं लग रही थी। पर वक़्त कम था, यह भी सच था। हमें अँधेरा होने से पहले ही अपने आज के पड़ाव में पहुँचना था।

कुछ आगे बढ़ने पर मोहन भाई की रफ़्तार तेज़ हो गई थी। वो रोहित और मुझसे काफ़ी आगे निकल आए थे।

गर्बियांग से कुछ आगे निकलकर एक बार फिर आईटीबीपी की चौकी में इनरलाइन पास की जाँच की गई। एक जवान ने बताया कि आज गाड़ी नहीं आएगी। हम पैदल-पैदल आगे बढ़ गए।

सड़क-सड़क चलते हुए अब थकान लगने लगी थी। हमारे ठीक पीछे अपि पर्वत सूरज की रोशनी में नहाया हुआ जगमगा रहा था। शाम की हल्की होती जाती धूप बर्फ़ से ढके उस पहाड़ पे कुछ-कुछ पीली रोशनी छोड़ने

लगी थी। हवा एकदम बर्फ़ीली सी लगने लगी थी। और हम लगातार चलते जा रहे थे। शाम घिरने वाली थी। यह ठीक वैसी ही शाम थी जैसी गढ़वाल के गैरशेण में हुए एक कार्यक्रम में कुमाउंनी लोकगायक हीरा सिंह राणा के उस गीत में थी- 'के संध्या झूली रे छ, भागीवाना नीलकंठ हिमाल (कि यह संध्या नीलकंठ हिमालय के पास झूल रही है)'। उनके इस लोकगीत में झूलती हुई शाम का यह बिंब आगे चलकर और ख़ूबसूरत हो जाता है, ठीक वैसे जैसे हमारी यह यात्रा।

"केदारनाथ बठे लौट संध्यां कां गे"? (केदारनाथ से लौटकर संध्या कहाँ गई?)

"जां पड़छ ह्यूं बरफ, लौटी संध्या वां गे।" (जहाँ बर्फ़ पड़ती है लौट के संध्या वहीं चली गई है)।

"अब संध्या लुकी गे, मानसरोवर का ताला" (अब संध्या मानसरोवर की ताल में छुप गई है)।

आह! इस गीत के ये बिंब मैं अपनी आँखों के सामने घटते हुए देख रहा था। हिमालय में कहीं धीरे-धीरे छिप रही यह शाम या फिर सूर्यकांत त्रिपाठी निराला के शब्दों में यह 'संध्या सुंदरी' बेहद ख़ूबसूरत थी।

क़रीब चार किलोमीटर चलने के बाद एक छोटे-से ढाबेनुमा घर में मोहन भाई पहले ही पहुँच चुके थे। चाय का ऑर्डर दे चुके थे। वहाँ एक रोचक नज़ारा हमारे लिए इंतज़ार कर रहा था। क़रीब सत्रह साल के एक लड़के के सिर के बाल उसकी इच्छा के ख़िलाफ़ उसके पिता की उम्र का एक आदमी उस्तरे से निकाल रहा था। अपने बाल मुड़वाए जाने से वो बच्चा बेतरह ख़फ़ा था। वो रो रहा था और उसके पिताजी उसके बाल लगातार उतार रहे थे। अभी आधे ही बाल मुड़वाए गए थे। वो बच्चा आईने में अपनी शक्ल देखता और फिर रोने लगता। जो बाल बचे थे उनसे पता लग रहा था कि उस लड़के ने क्रू-कट बाल रखे हुए थे जिनपर लाल रंग रँगवाया गया था। बड़े शौक़ से डाई करवाए गए बालों का यह हश्र उसे कुरेद रहा था, यह उसके हावभाव से साफ़ नज़र आ रहा था। पास ही में उसके भाई की उम्र का एक लड़का उसे देख लगातार हँसे जा रहा था। उस लड़के के सर

पर भी क्रू-कट लाल रंग में रँगवाए गए बाल थे।

चाय पीते हुए हमें पता चला कि दरअसल भाई की देखादेखी इस लड़के ने भी अपने बाल डाई करवाए, लेकिन उसे शायद कलर से एलर्जी हो गई और उसका सर पकने लगा इसलिए उसके बाल मुड़वाया जाना ज़रूरी हो गया।

मोहन भाई ने अपनी किट में से एक ट्यूब निकालकर उस लड़के के लिए दे दिया ताकि इन्फेक्शन को रोका जा सके। इस ट्यूब के बदले उन्होंने हमसे चाय के पैसे न लेने की पेशकश की जिसे हमने ठुकरा दिया। कुछ पंद्रह मिनट इस नज़ारे को देखते और चाय पीते हमने यहाँ बिताए और आगे बढ़ गए।

इस बीच हम लगातार देखते रहे कि लड़के-लड़कियाँ फ़ैशन के मामले में किसी से पीछे नहीं हैं। उनका एक ख़ास फ़ैशन स्टेटमेंट है। ख़ास पहनावा है और उस पहनावे के ख़ास रंग हैं जो चटख हैं। शायद रंगों से दोस्ती यहाँ के लोगों को विरासत में मिली है। बात रंगों की चली है तो यह जानना भी रोचक है कि यहाँ के लोग जिस समुदाय से संबंध रखते हैं उसका नाम भी रंग समुदाय ही है।

अभी हल्की-हल्की बारिश के आसार नज़र आने लगे थे। बारिश होना अभी हमारे हक़ में बिलकुल नहीं था। हमने एक बड़ी ग़लती यह की थी कि हमारे पास रेनप्रूफ़ कपड़े नहीं थे। हम छाता लेकर आए थे पर यहाँ जिस तरह से तेज़ हवा चल रही थी छाता का टिक पाना और पानी से बचाव कर पाना संभव नहीं था। ख़ैर, बारिश के ये आसार कुछ देर में ही जाते रहे। हालाँकि हवा के नम हो जाने से ठंढ अब कुछ बढ़ गई थी।

हमारे आस-पास की वनस्पतियाँ अब हमें बताने लगी थीं कि हम ऊँचाई वाले इलाक़ों में आ चुके हैं। आस-पास के जंगलों में पेड़ों को देखकर ऐसा लगता था कि न जाने कौन इन्हें जला और उजाड़कर चला गया हो। मोहन भाई ने बताया कि कुछ तो भू-स्खलन और कुछ बर्फ़बारी ने इनका यह हाल किया होगा। बर्फ़ की ठंढ से भी पेड़ इस तरह जल सकते हैं, यह मैंने पहली बार देखा सुना था।

गुंजी अभी कुछ दूर था और अँधेरा होने लगा था। दूर हमें एक नदी दिख रही थी जिसे पार करके हमें गुंजी पहुँचना था। हालाँकि गुंजी से ठीक पहले आने वाले गाँव नपल्च्यू का इलाक़ा अब हमें नज़र आने लगा था, पर हमें काफ़ी घूम के वहाँ पहुँचना था। रास्ते में मिली दो बूढ़ी औरतों ने हमें बताया था कि पहले नपल्च्यू गाँव आएगा और उसी से एकदम लगा हुआ गाँव है गुंजी।

जिस वक़्त हम गुंजी और नपलच्यू के बीच का पुल पार कर रहे थे अँधेरा हो चुका था। आज ही कैलास मानसरोवर से लौट रहा दल गुंजी पहुँचा था इसलिए हमें चिंता हो रही थी कि हमें रहने की जगह मिले या नहीं। हालाँकि मोहन भाई के पास हमारे यहाँ रहने की व्यवस्था थी। उनके दो साथी कर्मचारी पहले ही आकर पंचायत भवन के एक कमरे में रह रहे थे। मोहन भाई ने बताया कि केएमवीएन में न भी हुई तो उनके साथ हमारे रहने की व्यवस्था हो जाएगी।

केएमवीएन के गेस्ट हाउस में हमें रहने के लिए एक कमरा मिल ही गया। हम बुरी तरह थक चुके थे। रात के खाने के बाद सोए तो फिर नींद ने तुरंत अपनी बाहों में ले लिया।

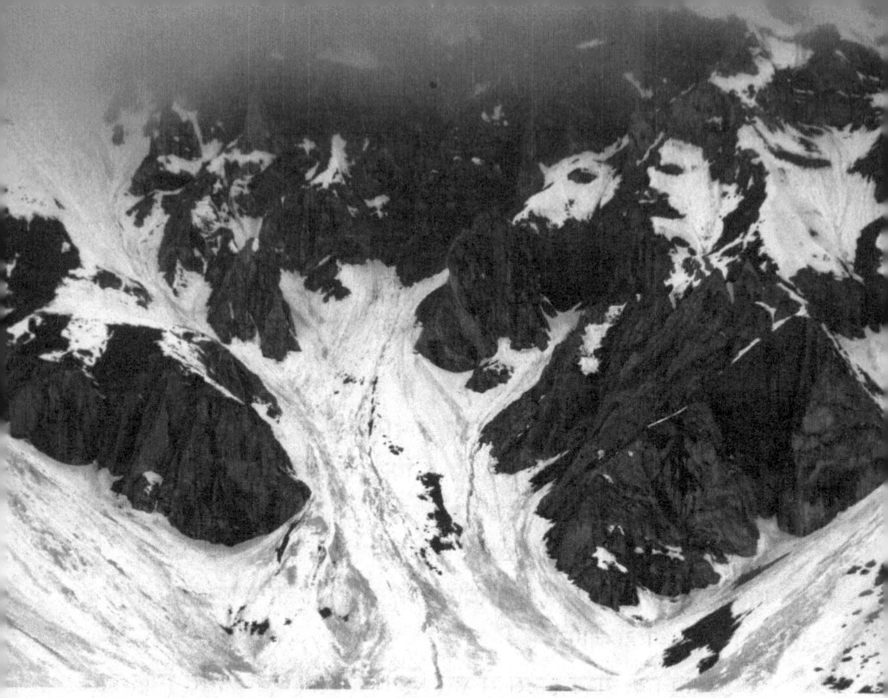

स्टालिन का स्केच

दिन : सात

20 जून 2015

गुंजी–नाभीडांग

सुबह के साढ़े छह बजे हम ग्रिप के कैंप के बाहर खड़े थे।

कल रात हमें बताया गया था कि सुबह-सुबह सड़क बनाने वाले मज़दूरों को लेकर एक ट्रक कालापानी तक जाता है। कालापानी गुंजी से नौ किलोमीटर दूर था और वहाँ से नाभीडांग का रास्ता आधा ही बच जाता है।

क़रीब आधा घंटा इंतज़ार करने के बाद हमें एक ट्रक दिखाई दिया। ट्रक में सबसे पहले सीमेंट के कई कट्टे चढ़ाए गए। आसपास की हवा में सीमेंट का एक गुबार-सा फ़ैल गया। हमारे अलावा कुछ महिलाएँ भी थीं जो ट्रक में चढ़ने की फ़िराक़ में थीं। उनमें से कुछ तो बस यह नज़ारा देखकर ही चली गईं। जो कुछ बची रह गईं उन्हें ट्रक में ड्राइवर के बग़ल वाली सीट पर एडजस्ट कर लिया गया।

सीमेंट के कट्टों के बाद क़रीब बीच-पच्चीस मज़दूर उन कट्टों के ऊपर चढ़ गए। उन्होंने कहीं-न-कहीं ख़ुद को फ़िट कर लिया। अब बारी हमारी थी। मोहन भाई, रोहित और मैं। हमें बाक़ी बची ज़रा-सी जगह में कहीं ख़ुद को समायोजित कर लेना था।

कोई और जगह होती तो शायद इस ग़ुबार भरे, ओवरलोडेड ट्रक में बैठकर हम अपना सफ़र कभी तय न करते पर यहाँ ऐसा करना एक नया अनुभव लेने की तरह था। नदी घाटी के इस विस्तार में, जहाँ दूर से बर्फ़ के कपड़े पहने हुए पहाड़ हमारी ओर मुस्कुराते से ताक रहे थे, कुछ छोटे ग्लेशियर हरे पहाड़ों की चोटियों से फुदकते खरगोश की तरह पहाड़ के नीचे उतरने की कोशिश कर रहे थे, हम कच्ची सड़क पर धक्के खाते ट्रक में बैठे आज के सफ़र को शुरू कर चुके थे। इस दृश्य को फ़िल्माया जाता तो यह टेरेंस मलिक की डेज़ ऑफ़ हेवन जैसी फ़िल्म का दृश्य ही लगता। हमारे पास कैमरा तो था ही, रोहित ने इस दृश्य को फ़िल्माना शुरू कर दिया।

किसी मज़दूर के मोबाइल पर एक नेपाली गाना बज रहा था और ट्रक उस ऊबड़-खाबड़ सड़क से गुज़रता ऐसा एहसास दे रहा था जैसे हम किसी फ़िल्म के बीच से गुज़र रहे हों। अक्सर हम बैठे होते हैं और परदे पर फ़िल्म हमारी आँखों से गुज़र रही होती है लेकिन यहाँ हम गुज़र रहे थे, फ़िल्म अपनी जगह ठहरी हुई थी।

आगे बढ़े तो हल्की-हल्की बारिश होने लगी। हमें अपने बैग और कैमरे को भीगने से बचाना था। आस-पास बैठे मज़दूरों को छाते के सीकों से बचाते हुए हमने छाता खोल लिया।

यह सड़क एक रोमांच से भरी सड़क थी। कहीं एकदम सँकरी, कहीं विस्तार लिए, कहीं इतनी चढ़ाई कि ग्रिप का यह शक्तिशाली इंजन वाला ट्रक मात खाने लगे, कहीं रास्ते में बड़े-बड़े पत्थर थे तो कहीं लबालब भरा पानी। एक जगह ट्रक को इसलिए क़रीब आधा किलोमीटर पीछे लौटकर आना पड़ा क्योंकि सैकड़ों भेड़ों का एक झुंड सामने से आ रहा था। जैसे कोई मशीन प्रकृति के एकदम मौलिक स्वरूप में चाहकर भी व्यवधान न डाल पा रही हो। यहाँ प्रकृति मशीन पर हावी थी और रोमांच ज़ेहन पर। नौ किलोमीटर की इस यात्रा का रोमांच काला पानी में जाकर पूरा हो गया। ट्रक इससे आगे नहीं जा सकता था। यही प्रकृति के सामने एक मशीन की सीमा थी।

कालापानी में एक मंदिर है जिसके पास टाइल्स की मदद से एक छोटा-सा तालाब नुमा टैंक बनाया गया है। कहा जा रहा था कि यह महाकाली नदी का उद्‌गम है। हालाँकि इस बात को मान लेना इतना आसान नहीं था। उफनती हुई महाकाली नदी का उद्‌गम एक ऐसी जगह कैसे हो सकता था जहाँ लगता था कि पानी लाकर डाल दिया गया हो। इसके पीछे की कहानी ज़रूर कुछ और थी।

खँगालने पर पता चला कि दरअसल कालापानी को लेकर भारत और नेपाल के बीच एक सीमा विवाद की स्थिति लंबे समय से चली आ रही है। यह बात सन 1816 की थी जब ब्रिटिश राज और नेपाल के बीच सागौली की एक संधि हुई जिसमें तय किया गया कि भारत और नेपाल के बीच पश्चिमी सीमाओं को काली नदी के द्वारा निर्धारित किया जाएगा। कालापानी काली नदी के पूर्वी किनारे पर है जबकि भारत और तिब्बत के बीच व्यापार का रास्ता और धार्मिक पर्यटन का रास्ता काली नदी के पश्चिमी किनारे पर है। कालापानी का यह छोटा-सा इलाक़ा जिसे भारत अपनी सीमा में बताता है नेपाल उस पर अपनी दावेदारी पेश करता है। नेपाल का कहना है कि महाकाली का उद्‌गम लिपुलेख पास की उत्तरी सीमा से होता है जहाँ से होकर यह नदी कालापानी में मिलती है। नेपाल इस बात की शिकायत करता

रहा है कि सन 1962 के भारत–चीन युद्ध के समय नेपाल ने भारतीय सेना को अपनी सीमा के कुछ इलाक़ों में आधिपत्य जमाने की इजाज़त दे दी थी। जिनमें से सभी को भारत ने अब वापस कर दिया है। लेकिन कालापानी की पोस्ट पर अपने क़ब्ज़े को भारत ने अभी तक नहीं छोड़ा है।

नेपाल के इस तर्क के हिसाब से इस वक़्त हम जिस जगह पर खड़े थे उसे नेपाल की सीमा में होना चाहिए था, लेकिन भारत अभी इस हिस्से को अपना ही हिस्सा बताता है। कालापानी के इस सियासी रहस्य को वहीं पीछे छोड़ हमें आगे बढ़ जाना था। यहाँ से फिर एक पैदल यात्रा हमें तय करनी थी। बहुत धीरे–धीरे हमें ऊपर की तरफ़ बढ़ना था।

कालापानी की चौकी के पास केएमवीएन के गेस्ट हाउस में नाश्ता ख़त्म हो चुका था, लेकिन कॉर्नफ़्लेक्स और दूध हमें उपलब्ध करा दिया गया। वहाँ हमारी मुलाक़ात गढ़वाल मंडल के कमिश्नर सी एस नपलच्याल से हुई। वो अपनी पत्नी और लड़की के साथ यात्रा कर रहे थे। बातों–बातों में पता चला कि वो भी हमारी ही तरह घुमक्कड़ी के शौक़ीन हैं। कभी अकेले तो कभी परिवार के साथ घूमने निकल जाया करते हैं। जिस अधिकारी के अंदर कई डीएम काम करते हों आमतौर पर वो अपनी धमक दिखाने से नहीं चूकता पर नपलच्याल जी में एक सादगी थी जो आकर्षित करती थी। उन्हें भी नाभिडांग जाना था। फिर मिलने का वादा कर उन्होंने विदा ली।

कुछ देर में सड़क–सड़क हम भी आगे बढ़ गए। खच्चरों और भेड़ों के झुंड लगातार हमारे आगे–पीछे चलते चले जाते। यहाँ पहली बार हमें झुपू नाम के उस पशु से भी मिलने का मौक़ा मिला जो दरअसल याक और गाय का क्रॉस होता है। एक ओर से झुपु एक झुंड में आ रहे थे और दूसरी तरफ़ से सैकड़ों भेड़ों का एक झुंड उनके विपरीत जा रहा था।

हवा में एकदम चीरती हुई–सी ठंढ थी अब। कच्ची सड़क पर कहीं कोई झरना चला आता तो कहीं ग्लेशियर। नाभिडांग से क़रीब तीन किलोमीटर पहले ओम पर्वत के आस–पास की शृंखलाएँ दिखाई देनी शुरू हो गई थीं। इस वक़्त हम एक ख़ूबसूरत बुग्याल के पास थे। इस बुग्यालों के इर्द–गिर्द घोड़ों पर यात्रियों को लाते, ले जाते लोगों की आवाजाही बनी

हुई थी। चाय और कुछ खाने की दरकार अब महसूस हो रही थी। हम किसी ढाबे के इंतज़ार में थे।

नाभीडांग पहुँचने से ठीक पहले अच्छी-ख़ासी चढ़ाई थी। साँस लेने में हल्की-सी परेशानी भी होने लगी थी। हम क़रीब तीन हज़ार मीटर की ऊँचाई पर थे। यहाँ ऑक्सीजन की कमी होना स्वाभाविक था। नाभीडांग में केएमवीएनके गेस्ट हाउस के क़रीब आधा किलोमीटर पहले हमें चाय की एक दुकान मिली तो हमने मौक़ा नहीं छोड़ा। हालाँकि इस वक़्त हमें यह नहीं पता था कि हमारा आज का पड़ाव बस आधा किलोमीटर आगे ही है। हमारे यहाँ पहुँचते ही बारिश होने लगी। यह कुछ तेज़ बारिश थी। तेज़ ठंढ थी, बाहर बारिश थी, और हमारे हाथों में चाय। आस-पास बर्फ़ से घिरे पहाड़ थे।

बारिश जब कम हो गई तो हम गेस्ट हाउस की तरफ़ बढ़ गए। आईटीबीपी की एक चेकपोस्ट पर अपना इनरलाइन पास दिखाकर हम आगे बढ़े। केएमवीएन के गेस्ट हाउस में एक सुंदर कमरा हमें दे दिया गया। यहाँ भी उसी तरह के बंकर थे जैसे रास्ते भर में बने थे। बंकर के भीतर और बाहर के तापमान में ख़ासा अंतर था।

हमें चारपाई वाला बंकर मिला था। शीशे के बाहर से अच्छी-ख़ासी रोशनी इस साफ़-सुथरे बिस्तर पर पड़ रही थी। हमने अपने-अपने बैग उतारे और जूते खोलकर रज़ाइयों में दुबक गए। थके हुए शरीर को राहत मिल ही रही थी कि चाय भी आ गई। सोने पे सुहागा। चाय पीकर कुछ देर हमने आराम किया।

मोहन भाई और रोहित सो रहे थे। मुझे दिन में नींद कम आती है। मैं क़रीब घंटे भर बाद बंकर के बाहर गया। वहाँ कमिश्नर साहब खड़े थे। पर्वत अभी कोहरे से ढका था। हम उसके खुलने का इंतज़ार कर रहे थे। उनके साथ कुछ देर बातें होती रहीं। बातों-बातों में नपलच्याल जी की पत्नी ने ओम पर्वत से लगे उस पहाड़ की ओर इशारा किया।

"देखो तो वो एक सिपाही की तरह नी लग रा?"

वो बहुत उत्साहित लग रही थीं। नपलच्याल जी ने उनकी उँगली के

इशारे की तरफ़ नज़र दौड़ाई।

"अरे हाँ ये तो एकदम सिपाही लगता है.. देखो तो जरा।"

उन्होंने मुझे भी इशारे से दिखाने की कोशिश की।

सचमुच। पहाड़ पर बर्फ़ और पथरीली काली चट्टान की जुगलबंदी ने एक सिपाही की संरचना बना दी थी। मुझे उस सिपाही में हिटलर के भेष में चार्ली चैपलिन नज़र आने लगा। मैंने उत्साहित होकर प्रकृति के बनाए इस बेहद ख़ूबसूरत स्केच को अपने कैमरे में उतार लिया।

इतने में एक पतला-सा आदमी हाथ में ट्रे लिए हमारे पास आया।

"साहब सूप ले लीजिए।"

ठंढ इतनी थी कि कुछ भी गर्म पीना इस वक़्त तोहफ़े की तरह लग रहा था। हमने सूप पिया। ख़ूब सारी काली मिर्च ने शरीर में अंदर तक गर्मी पहुँचा दी।

"अंदर भी दे देना.. दो लोग हैं।"

मैंने उस आदमी से आग्रह किया।

"बस अभी लाया साब।"

ये कहकर वो आदमी मुस्कुराता हुआ आगे बढ़ गया।

कुछ देर में मैं अंदर गया। मैंने रोहित और मोहन भाई को जगाया और वो तस्वीर दिखाई जो बस अभी अभी खींची थी।

"ये तो स्टॉलिन है।", दोनों लगभग एक साथ चहके।

वाक़ई यह शक्ल स्टॉलिन से ज़्यादा मिलती थी। ओम पर्वत से पहले हमें स्टॉलिन के दर्शन हो गए थे। वो भागकर बाहर आए और अपने सामने प्रकृति के रचे इस स्केच को देखकर ख़ुश हो गए। रोहित एक स्केच आर्टिस्ट भी है इसलिए वो ज़्यादा उत्साहित था।

कुछ देर में फिर वही आदमी दिखाई दिया जिसने हमें सूप पिलाया था और जो रोहित और मोहन भाई को सूप देना भूल गया था। हमने छेड़ने के लिहाज से पूछा, "भाई सूप नहीं दिया तुमने अंदर?"

वो पतला-सा आदमी लहराते हुए और चहककर बोला, "अरे साब..

सूप का क्या है.. सूप तो दिल में होना चाहिए।''

सूप तो दिल में होना चाहिए? यह सुनकर हम सब खिलखिलाकर हँस दिए। उस हँसमुख से आदमी को एक बार फिर देखा। ख़ुशमिज़ाजी उसके चेहरे से टपक रही थी। वो उन लोगों में था जिनकी ग़लतियों का आपको उतना बुरा नहीं लगता। उनमें कुछ तो होता है जिसके लिए आप बहुत कुछ नज़रंदाज़ कर देते हैं।

क़रीब तीन बज रहा था। ओम पर्वत से अब बादल छँटने लगे थे। सचमुच वो एक पहाड़ था जिसपर ओम की आकृति नज़र आ रही थी। हालाँकि ओम का ऊपरी हिस्सा अभी भी कोहरे की ओट में था, लेकिन इतनी दूर से ओम पर्वत के दर्शन करने आए भक्त लोग अति उत्साहित थे। धीरे-धीरे अपने बंकरों के बाहर उनका जमावड़ा लगने लगा। कुछ लोग हाथ जोड़कर खड़े हो गए। कुछ भोलेनाथ के भजन गाने लगे। और हम अपना कैमरा ताने खड़े हो गए।

हमारा भरोसा पूजने में नहीं था। हमारा आकर्षण उस ख़ूबसूरती के लिए था जो प्रकृति हमारे जीवन के इर्द-गिर्द बिखेर देती है हमारी नज़रों के समेटने के लिए। हमें उस ओम में भगवान की लीला नहीं, लेकिन प्रकृति का रहस्य दिखाई दे रहा था। वो रहस्य जिसके पीछे की वजह प्रकृति की भौगोलिक गतिविधियाँ थीं।

हालाँकि यहाँ पहुँचने वाले लोगों का बड़ा हिस्सा भगवान के उपासकों का ही था। इन कुछ दिनों में हमारी ज़िंदगी से हाय-हेलो कहीं ग़ायब हो गया था। रास्ते में मिला हर अजनबी हमें देखकर मुस्कुराता और पूरे भक्तिभाव से बोलता 'जय भोले' या फिर सिर्फ़ 'भोले'।

तो यहाँ सबकी बातचीत का सिरा 'भोले' से शुरू होता और उनकी मंज़िल भोले के उन अजूबों पे पूरी होती जिसे वो आदि कैलास और ओम पर्वत कहते। वो अपनी आस्था के सहारे यहाँ चले आए थे। उनके लिए हर कोई आस्तिक था। आस्तिक हम भी थे पर हमारी आस्था प्रकृति के उस सौंदर्य पर थी जो अद्‌भुत था।

रोहित वापस बंकर में आकर सो गया। वो कुछ ज़्यादा थका हुआ

था। मोहन भाई और मैं कुछ आगे हो आए। कमिश्नर साहब ने बताया था कि पास ही कोई हैलीकॉप्टर क्रेश हुआ था। यही कोई दस साल पहले। वो टूटा-फूटा हैलीकॉप्टर अब भी वहीं पड़ा है। हम उसके एकदम पास तक गए। चारों ओर चट्टानों के टूटे हुए पत्थर थे और उनके बीच में एक हैलीकॉप्टर जो धीरे-धीरे अपने रंग खो रहा था।

बताया जाता है कि आईटीबीपी के कोई अधिकारी इस हैलीकॉप्टर से पूरे दल-बल के साथ यहाँ आ रहे थे। कोई तकनीकी ख़राबी आई और हैलीकॉप्टर संतुलन खोने लगा। पायलट ने बचाने की तमाम कोशिशें कीं और वो उसे इस घाटी में ले आया। हैलीकॉप्टर ज़मीन से टकराया ज़रूर पर इस हादसे में किसी की भी मौत नहीं हुई। तबसे यह यहाँ एक दर्शनीय स्थल बन गया। और इसे यहाँ से आज तक नहीं हटाया गया। उसके इर्द-गिर्द कुछ तस्वीरें खींचकर मोहन भाई और मैं वापस बंकर में लौट आए।

रात गहरा चुकी थी। रात को खाना खाते हुए कैंटीन में कर्नाटक से आए एक फोटोग्राफ़र से मुलाक़ात हुई। इनसे काफ़ी देर तक बात होती रही। रोहित और मोहन भाई राजनैतिक मुद्दों पर उनसे बात करते रहे। खाना खाने के बाद वो अपना टैब लेकर हमारे कमरे में आए और अपनी खींची तस्वीरें दिखाने लगे। कमाल की तस्वीरें थीं ये। उत्तराखंड की कई वादियों की तस्वीरें। बहुत घूमा था यह आदमी। फोटोग्राफ़ी का ज़बरदस्त शौक़ीन और इस कला में माहिर। उन्होंने बताया कि इन दिनों वो आकाश गंगा की तस्वीरें उतार रहे हैं। देश के अलग-अलग कोनों में जब लोग गहरी नींद में सो रहे होते हैं वो अपना कैमरा और ट्राईपॉड लेकर कभी किसी छत में, किसी समुद्री किनारे पर, किसी पहाड़ की चोटी में, किसी नदी घाटी में तस्वीरें उतारते रहते हैं। वो तारे जिन्हें देखने तक की फ़ुर्सत आजकल किसी को नहीं रहती उनकी तस्वीरों में टिमटिमा रहे थे। क़रीब पचास की उम्र का वो आदमी उन लोगों में था जो शौक़ के लिए जीते हैं, कला के लिए जीते हैं, और जो करते हैं वो पूरी शिद्दत और मेहनत से करते हैं। कितना कुछ सिखा दिया था इन कुछ मिनटों में इस आदमी ने। तारामंडल की उन झिलमिलाती तस्वीरों के साथ हमने ख़ुद को नींद के सुपुर्द कर दिया।

एक 'स्पाइ पंडित' की कहानी

दिन : आठ

21 जून 2015

नाभीडांग–गुंजी

सुबह-सुबह 'चाय ले लीजिए' की पुकार के साथ नींद खुली। चाय पीते बाहर आए तो देखा हल्की-हल्की धूप बिखरने लगी है और सामने ओम पर्वत मुस्कुराता हुआ नज़र आ रहा है।

कुछ देर ओम पर्वत से मुस्कुराहट साझा करने के बाद हम हाथ-मुँह धोकर नाश्ता करने के लिए चल दिए। इस बीच बाहर धूप पूरी तरह खिल चुकी थी।

नाश्ता करके कुछ देर आस-पास के इलाक़े में तस्वीरें खींचते हुए लग रहा था कि कौन वापस जाना चाहता है यहाँ से। योजना थी कि नाश्ता करके हम तुरंत वापस गुंजी की तरफ़ निकल पड़ेंगे पर दो घंटे के लिए ही सही हमने इस योजना को स्थगित कर दिया। हम चीन की सीमा से कुछ ही दूर थे। यही कोई नौ किलोमीटर दूर लिपुलेख दर्रा था जहाँ से कैलास मानसरोवर यात्री चीन की सीमा में प्रवेश करते हैं। लेकिन हमारे इनरलाइन पास में लिपुलेख दर्रे का नाम दर्ज नहीं था इसलिए हम इससे आगे नहीं बढ़ सकते थे। सुना था कि चीन एकदम सीमा तक सड़क पहुँचा चुका है। हालाँकि सड़क का निर्माण कार्य हमारे देश की ओर से भी जारी था। गुंजी से कुटी की तलहटी तक हम सड़क-सड़क ही चलकर आए थे। कुटी से ऊपर भी सड़क बनती हुई नज़र तो आ रही थी। पर यह सड़क अभी टुकड़ों में बनी थी। बीच-बीच में शायद पुलों की दरकार थी ताकि इन टुकड़ों को जोड़ा जा सके।

क़रीब ग्यारह बजे हमने अपने मन को मनाया कि अब वापस लौट जाना चाहिए। अपना सामान समेटकर हम इस ख़ूबसूरत जगह से वापसी की राह ले चुके थे। आज का रास्ता उतना मुश्किल नहीं था। रास्ता चौड़ा था और हमें ढलान में चलना था। माने यह कि मेहनत कुछ कम थी।

अभी दो किलोमीटर भी नहीं चले थे एक सुंदर बुग्यालनुमा ढलान मख़मली हरी घास ओढ़े हमें ललचाने लगी। धूप इतनी धुली हुई और प्यारी थी कि हम जाकर उस ढलान पर पसर गए। बची हुई चाइनीज़ विस्की की बोतल से कुछ रसपान किया तो मौसम कुछ और ख़ुशगवार लगने लगा। आँख बंद करके क़रीब घंटा भर हम यहीं लेटे रहे। यही वो सुकून

था जिसके लिए किलोमीटरों चलकर आप इस ऊँचाई पर आ पहुँचते हैं। एकदम हरी मख़मली घास का बिस्तर और सर पर धुले हुए नीले आसमान की चादर। और आस-पास की हवा, जैसे कोई पंखा झल रहा हो। हवा की आवाज़ किसी लोरी-सी हमारे कानों में आ रही थी। ये लोरी सुनाने वाली अदृश्य आवाज़ें काश हमारे साथ दिल्ली तक आ पातीं। शहर के शोर से जब भी मन ऊबता तो कानों में इयरप्लग लगाकर ही सही ये बेशब्द लोरियाँ हमारे ज़ेहन को ताज़ा कर सकतीं। काश!

लेकिन इस 'काश' के पीछे के अरमान हमें अब पीछे छोड़ने थे। और कालापानी की तरफ़ जाते रास्ते पर आगे बढ़ना था। धीरे-धीरे मन मारकर हम आगे बढ़े और कालापानी तक का नौ किलोमीटर का सफ़र कब तय हो गया पता भी नहीं चला। महसूस हो रहा था कि चलते-चलते क़दमों की एक लय बनने लगती है। और एक बार वो लय बन जाए तो क़दम उस लय को पकड़कर चलने लगते हैं। धीरे-धीरे दूरियों का आभास उस लय में कहीं खो जाता है।

कालापानी में कुमाऊँ मंडल के गेस्ट हाउस में हमने फिर एक चाय पी। अब तीन बज गया था। हमें लगा था कि कालापानी से हमें सेना की गाड़ी मिल जाएगी जो हमें गुंजी तक बस डेढ़ घंटे में छोड़ देगी। हमें बताया गया था कि गाड़ी साढ़े तीन बजे के आस-पास यहाँ से निकलती है। हम समय पर यहाँ पहुँच तो गए थे पर आवर्जन चौकी पर मौजूद सेना के जवानों ने हमें बताया कि आज गाड़ी नहीं आई।

लेकिन यहाँ मौसम ने अचानक करवट बदल ली। हल्की-हल्की बारिश शुरू हुई और ठंढ अचानक से बढ़ गई। हमारे पास रेन कोट नहीं थे। रुकने का विकल्प नहीं था तो हमने फैसला किया कि हमें बारिश के बावजूद आगे बढ़ जाना चाहिए। अभी 10 किलोमीटर और चलना था। बारिश से बचने के लिए जो छाते हमारे पास थे वो हवा से बार-बार उड़कर उल्टे हो जाते। लेकिन उनको बंद कर देने पर ज़्यादा भीग जाने का डर था। कहीं हममें से कोई बीमार न पड़ जाए। किसी एक के भी बीमार पड़ने पर हमारे आगे की यात्रा ख़तरे में पड़ सकती थी।

चलते-चलते दिमाग़ भी एक यात्रा पर निकल पड़ता है। वो यात्रा जो थकान के एहसास को कहीं पार्श्व में डाल देती है। कई सारे ख़याल। गड़मड़ से ज़ेहन में छोटी-छोटी यात्राएँ करने लगते हैं। ऐसी यात्राएँ जिनकी कोई मंज़िल नहीं होती। जिनका कोई ठीक-ठीक रास्ता भी नहीं होता। ऐसे ही कई ख़याल इस वक़्त दिमाग़ की दुनिया में अपनी-अपनी यात्राओं में व्यस्त थे। उन्हीं में से एक यह भी कि इतनी दुरूह जगहों पर ये जो लंबे-लंबे रास्ते होते हैं उन्हें पहली बार किसने तय किया होगा? और कौन होगा जिसे इन रास्तों को मापने का ख़याल आया होगा? मील के वो पत्थर रखने वाला और उन्हें मापी जा सकने वाली दूरियों में ढालने वाला कोई तो रहा होगा जो आवारगी को जीता होगा?

कुछ आगे बढ़ते-बढ़ते ऐसा ही एक रास्तों का प्रेमी न जाने कहाँ से हमारी बातों में चला आया। रोहित ने एक शख़्स के बारे में बताना शुरू किया। नैन सिंह रावत। यह नाम इससे पहले नहीं सुना था मैंने। जब उस शख़्स के बारे में बात आगे बढ़ी तो जैसे इतिहास का एक नया पन्ना ही खुल गया।

भोटिया महल की सात घाटियों में से एक जोहार घाटी से संबंध रखने वाले इस कम पढ़े-लिखे लेकिन हिमालय के भूगोल का विलक्षण ज्ञान रखने वाले नैन सिंह रावत की कहानी किसी सुपरहीरो की कहानी से कम नहीं है। ब्रिटिश राज की तरफ़ से ख़ुफ़िया यात्राएँ करने वाले इस शख़्स को 'स्पाई पंडित' के नाम से भी जाना जाता था।

नैन सिंह रावत नाम के इस शख़्स में एक विलक्षण प्रतिभा थी जिसकी वजह से ब्रिटिश लोग उसके क़ायल हो गए। यह प्रतिभा थी उनका भूगोल का गज़ब का ज्ञान। ब्रिटिश अधिकारी उन्हें उन्नीसवीं शताब्दी के एक बड़े अन्वेषक के रूप में मानने लगे थे। यह बात हैरत में डालने वाली है, लेकिन इस शख़्स की इच्छाशक्ति का ही कमाल था कि नैन सिंह ने बिना ख़ास संसाधनों के हिमालय के दुर्गम इलाक़ों में 13 हज़ार मील से ज़्यादा की पैदल यात्रा करते हुए मध्य एशिया का एक कालजयी मानचित्र तैयार किया।

उत्तराखंड के सुदूरवर्ती गाँव मिलम में 21 अक्टूबर 1830 को जन्मे थे नैन सिंह। दुर्गम गाँव में पैदा होने की वजह से किताबों ने नहीं, बल्कि अनुभव ने उन्हें पहाड़ों के भूगोल का ज़बरदस्त जानकार बना दिया। इस जानकारी के पीछे की वजह उनकी आर्थिक तंगी थी। पैसों की कमी की वजह से 1852 में नैन सिंह ने अपना घर छोड़कर व्यापार शुरू कर दिया। व्यापार के सिलसिले में कई बार वो तिब्बत गए जहाँ उनकी मुलाक़ात यूरोपीय लोगों से होती रही। इन्हीं से उन्होंने जीने की असल शिक्षा लीं। यात्राएँ करते, लोगों से मिलते उन्हें तिब्बती, हिंदी, अंग्रेज़ी और फ़ारसी का अच्छा ज्ञान हो गया। ब्रिटिशर्स से अपनी मुलाक़ातों में उन्होंने उन्हें इतना प्रभावित किया कि 1855 में रॉयल ज़ियोग्राफिकल सोसायटी लंदन ने उन्हें मध्य हिमालय के पूर्ण सर्वे का ज़िम्मा सौंपा। इस ज़िम्मेदारी को नैन सिंह ने बख़ूबी निभाया भी।

उनकी प्रतिभा को देखते हुए अंग्रेज़ों ने उन्हें 'स्पाइ पंडित' के विशेषण से नवाज़ा। पंडित नैन सिंह ने 1855 से 1865 के बीच कुमाऊँ से काठमांडू, मध्य एशिया से ठोक-ज्यालंगु और यारकंद खोतान की तीन जोख़िम भरी पैदल यात्राएँ कीं। केवल कंपास, बैरोमीटर और थर्मामीटर की मदद से उन्होंने पूरे मध्य एशिया का विज्ञान और भूगोल से जुड़ा मानचित्र तैयार कर दिया। इस मानचित्र ने आधुनिक युग में न केवल भारतीय उपमहाद्वीप, बल्कि मध्य एशिया में विज्ञान से जुड़े महत्वपूर्ण तथ्यों को समझने में बड़ी भूमिका अदा की। नैन सिंह रावत ने मध्य एशिया का जो मानचित्र बनाया उसमें दूरी की गणना उन्होंने अपने क़दमों से की थी। वो 33 इंच का क़दम रखते और 2 हज़ार क़दमों को एक मील मानते थे। इसके लिए उन्होंने 100 मनकों की माला का प्रयोग किया। हर 100 क़दम चलने पर एक मनका गिरा देते थे। पूरी माला जपने तक 10 हज़ार क़दम यानी 5 मील तय हो जाते थे।

पंडित नैन सिंह रावत के जीवन पर डीएसबी परिसर हिंदी विभाग की वरिष्ठ प्राध्यापिका प्रो. उमा भट्ट और मशहूर इतिहासकार शेखर पाठक ने 'एशिया की पीठ पर' नाम से एक किताब भी लिखी है। इस किताब में नैन

सिंह रावत नाम के इस अनूठे घुमक्कड़ शख़्स की यात्राओं के दौरान लिखी डायरियों का संकलन भी शामिल है।

नैन सिंह रावत के बारे में बताते हुए रोहित ने एक खेल खेलना शुरू किया। अपने क़दमों से रास्ता नापने का खेल। एक अंदाज़ा भर लगाने के लिए कैसे उस शख़्स ने इतनी दुर्गम जगहों पर दूरियों को मापने का मुश्किल काम किया होगा। लग रहा था कि घूमना या आवारगी जिसे लोग बेवजह समय की बर्बादी मानते हैं अगर सब यही मानते तो क्या दुनिया की सबसे ख़ूबसूरत जगहें कभी खोजी जा सकतीं? इब्नेबतूता, राहुल सांकृत्यायन या ह्वेनसांग जैसे लोग दुनिया में न होते तो हमारा ज्ञान दुनिया के बारे में कितना सीमित होता। इसी ख़याल के साथ भूपेन हजारिका का गाया गाना दिमाग़ में शिरकत करने लगा– 'हाँ आवारा हूँ', वो गाना जिसमें उन्होंने ग़ालिब के शेर बुखारा की मीनारों में गुनगुनाने का ज़िक्र किया है। मार्क ट्वेन की समाधि में गोर्की के हाल कहने की बात कही है। 'यहाँ का, वहाँ का, कहीं का नहीं हूँ, दिशाओं का मारा हूँ'। इस तरह दिशाओं के मारे ही हम भी तो इस सफ़र में चले आए थे। रोहित से यूँ तो इस गाने को कई बार सुना था। पर आज यह गाना हम जी रहे थे तो यह और प्रासांगिक हो चला था। यह गाना हमारी यात्रा का थीम सॉन्ग बन चुका था। रोहित के साथ बाइक पर ग़ज़लें गुनगुनाते हुए मैंने बचपन से अब तक कई यात्राएँ की थीं। उसके ग़ज़लों के चयन और उन्हें गाने के अंदाज़ ने उन यात्राओं को हमेशा और ख़ूबसूरत बना दिया था। यह भी कि ग़ज़लें और गुलज़ार मेरे जीवन में रोहित के रास्ते ही आए थे। रास्तों को मापने का यह खेल आज भी जारी था और ज़ुबान पर हजारिका चढ़ चुके थे। क़रीब दो किलोमीटर तक यह खेल चलता रहा।

हम तीनों अब तक काफ़ी थक चुके थे। रिमझिम-रिमझिम बारिश बदस्तूर जारी थी। दूर गुंजी गाँव की ओर मुड़ता वलय दिखाई दे रहा था। हल्का-हल्का अँधेरा अब होने लगा था। उम्मीद यही थी कि पूरी तरह अँधेरा होने से पहले हम गुंजी के गेस्ट हाउस में पहुँच कर गरम चाय पी रहे होंगे।

गुंजी का व्यापार

दिन : नौ

22 जून 2015

गुंजी

आज का दिन आराम का दिन था। अब तक हम क़रीब 100 किलोमीटर का पैदल सफ़र कर चुके थे। आज हमने गुंजी नाम के इस ख़ूबसूरत गाँव में ठहरकर इसके बारे में जानने का मन बनाया। यहाँ इस बीच हमने एक छोटे से ढाबे को खोज निकाला जहाँ गरमागरम समोसे बनते थे। आईटीबीपी की बटालियन के बग़ल में एक बुज़ुर्ग दंपत्ती यह ढाबा चलाता था। वो बुज़ुर्ग शख़्स चुपचाप जलते हुए चूल्हे पर तपती हुई कढ़ाई के बग़ल में एक स्टूल पर बैठकर मैदे की लोइयों में मसाला भरता और उनकी पत्नी करछी लिए इन समोसों को तलती रहती। ये समोसे इतने स्वादिष्ट थे कि शाम होते ही आईटीबीपी के जवान लड़के-लड़कियाँ जल्द-से-जल्द आकर अपना नंबर लगा लेते और जैसे ही समोसे तलते उसके असल हक़दार उन्हें हज़म कर जाते। लड़के समोसों के साथ स्थानीय कच्ची शराब यानी चकती भी गटक जाते।

गुंजी का गाँव जो अब एकदम सुनसान-सा लगता है, कहते हैं एक वक़्त था जब यह गुलज़ार रहा करता था। भारत-तिब्बत के बीच होने वाले व्यापार का यह एक महत्वपूर्ण केंद्र था। यहाँ एक बड़ी व्यापारिक मंडी हुआ करती थी। जहाँ तिब्बत के व्यापारी सामान लेकर आते और उसे यहाँ के व्यापारियों को बेचकर बदले में तिब्बत में माँग के आधार पर कई उत्पाद ले जाते। वस्तु विनिमय पर आधारित इस व्यापार का ज़िक्र हिमालयी बसावटों पर लिखे गए इतिहास की किताबों में ख़ूब हुआ है। ऐसी ही एक किताब 'द हिमालयाज़ : एन एंथ्रोपोलोजिकल पर्सपेक्टिव' में लिखे एक लेख में आर.एस. नेगी, जे.सिंह और सी.एस.दास भोटिया समुदाय के व्यापार के बारे में विस्तार से बताते हैं।

भोट इलाक़ों की मानवीय बसावट उन नदियों के आधार पर है जो इन इलाक़ों की ज़मीन को सींचती हैं। कुमाऊँ की नदी घाटियाँ जोहार, दारमा, ब्यांस और चौदांस क्रमशः गोरी, धौली और काली नदी द्वारा सिंचित होती हैं। बाक़ी तीन घाटियाँ गढ़वाल में हैं जिनके नाम नीति, माना और भागीरथी हैं। इन घाटियों की सिंचाई धौली, विष्णु गंगा और भागीरथी नदियों द्वारा होती है। भोटिया समुदाय को शरण देने वाली इन घाटियों में मौसम की

स्थितियाँ चरम पर रहती हैं। सितंबर से लेकर अप्रैल तक यहाँ भीषण सर्दी और बर्फ़बारी होती है। इस समय भोटिया समुदाय के लोग निचली घाटियों में चले आते हैं, जहाँ अपेक्षाकृत गर्मी रहती है। अप्रैल से मई के बीच जब मौसम अनुकूल होने लगता है तो निचली घाटियों से ऊपर की तरफ़ पलायन शुरू हो जाता है।

पारंपरिक भोटिया अर्थव्यस्था व्यापार, पशुचारण और सीमित खेती पर आधारित थी। मौसम की अनियमितता, बहुत कम बारिश, भारी बर्फ़बारी, विषम भौगोलिक स्थिति, ये कुछ ऐसे कारण थे जिनकी वजह से यहाँ के लोगों ने खेती को कभी प्राथमिकता नहीं दी। तल्ला दारमा और चौदांस घाटियों में बाक़ी घाटियों की अपेक्षा खेती के लिए बेहतर हालात थे इसलिए शुरू से ही वहाँ कृषि कार्य बेहतर स्थिति में रहा।

उच्च हिमालय में सुंदर घास के मैदानों और बुग्यालों की कोई कमी नहीं है। इसलिए ये इलाक़े पशुचारण के लिए उपयुक्त रहे हैं। तीखी सर्दी की वजह से गरम कपड़ों के लिए ऊन की ज़रूरत यहाँ हमेशा से रही है। इसलिए यहाँ के लोग भेड़ और बकरियाँ पालते ही हैं। लेकिन इन घाटियों में पशुचारण की वजहें दुनिया के अन्य इलाक़ों से अलग हैं। इसलिए यहाँ का पशुचारण कुछ विशेष है। इन घाटियों के भोटिया समुदायों में व्यापार के चलते भी भेड़, बकरी, आदि जानवरों को पालने की पुरानी परंपरा रही है। ये जानवर हिमालय के बेहद दुरूह व्यापार मार्गों से उत्पादों को ढोने का हुनर रखते हैं। इस तरह से पशुचारण और व्यापार के बीच के अंत:संबंधों ने भोटिया समुदाय को मौसमी पलायन या ऋतु-प्रवास की जीवनशैली अपनाने की वजह दी है।

भोटिया महल की सात घाटियों से तिब्बत की तरफ़ व्यापार मार्ग बने हैं। दारमा घाटी से दारमा दर्रा जिसे न्यू दयौरा भी कहा जाता है, ग्यानिमा मंडी की तरफ़ जाता है। ब्यांस घाटी से तिब्बत की तरफ़ तीन दर्रों से व्यापार-मार्ग जाते हैं। जो लंक्प्यालेख, मंगशान और लिपुलेख हैं। इनमें से पहला ग्यानिमा मंडी की तरफ़ और बाक़ी दो ताक्लाकोट मंडी की तरफ़ जाते हैं। ये दोनों ही मंडियाँ तिब्बत में हैं।

चौदांस घाटी के व्यापारियों को ब्यांस घाटी के रास्ते ही तिब्बत की मंडियों में प्रवेश करना होता है। शेरिंग (1906) और एटकिन्सन (1882) ने इन इलाक़ों से की जाने वाली यात्रा की मुश्किलों का वर्णन करते हुए कहा है, "बुरे मौसम में सैकड़ों भेड़ें ,बकरियाँ इन पहाड़ों पर मारी जाती थीं, यहाँ तक कि झुप्पू और खच्चर भी भारी संख्या में गुम हो जाते थे। कई बार छोटे रास्तों पर भारी बर्फ़बारी की वजह से भी व्यापारियों को लंबे रास्ते अपनाने पड़ते थे"।

तिब्बत के डाकू और मशहूर ज्याक्पास व्यापार को भारी नुक़सान पहुँचाते थे। सर्दियों के बाद आमतौर पर तीन चरणों में पलायन होता रहा है। पहले चरण में व्यापारी और बोझ ढोने वाले जानवर निचली बसावटों से ऊपर की घाटियों में जाते थे जहाँ सामान रखने और रहने की जगह बनी होती थी। दूसरे चरण में निचली घाटियों में रह रहे परिवारों की महिलाएँ और बच्चे ऊपरी घाटियों में जाते थे और इनके साथ ऊपर से लौटे व्यापारी दूसरा चक्कर लगाते थे। इनके साथ बोझा न ढोने वाले पालतू जानवर भी ऊपरी घाटियों की तरफ़ ले जाए जाते थे। इन जानवरों को बुग्यालों में चरने के लिए छोड़ दिया जाता था और इस बीच व्यापारी तिब्बत की तरफ़ यात्रा करने के लिए ज़रूरी तैयारियाँ पूरी कर लेते थे।

इस व्यापार का एक ख़ास तरीक़ा होता था। हर भोटिया व्यापारी का तिब्बत में एक बिचौलिया होता था जिसे मित्र कहा जाता था। जब भी ऐसा कोई रिश्ता बनता था तो एक समारोह किया जाता था जिसे 'सुलजी-मुलजी' कहते थे। इस समारोह में भोटिया और तिब्बती दोनों व्यापारी छंग (शराब) या चा (चाय) पीते थे। पहला घूँट तिब्बती व्यापारी को पिलाया जाता था। इस समारोह में एक समझौता पत्र भी भरा जाता था जिसे गमगिया कहा जाता था। इसमें व्यापारियों के नाम और पते के साथ व्यापार की शर्तें भी लिखी होती थीं। आख़िर में एक पत्थर को दो हिस्सों में तोड़कर दोनों तरफ़ के व्यापारी को एक एक हिस्सा दे दिया जाता था और दोनों व्यापारी व्यापारिक रिश्तेदार बन जाते थे।

हमारी इस यात्रा के दौरान हमें अब तक रास्ते में कई ऐसे व्यापारी मिल

चुके थे जो अपने-अपने जानवरों पर सामान लादे ताकलाकोट की तरफ़ जा रहे थे। हालाँकि अब व्यापार की रंगत वो नहीं दिखती। बीबीसी के पत्रकार और मेरे सफ़र के साथी रोहित जोशी अपनी एक रिपोर्ट में लिखते हैं- "भारत-चीन व्यापार केंद्र के आँकड़ों के मुताबिक़ 2000 के बाद से पिछले तक़रीबन पंद्रह सालों में भारत-चीन के बीच सालाना व्यापार 20 लाख डॉलर से बढ़कर अब तक़रीबन 100 करोड़ डॉलर तक पहुँचने को है। लेकिन इन दोनों ही देशों के दुरूह हिमालयी इलाक़ों के जनजातीय समाजों के बीच शताब्दियों से चल रहा पारंपरिक व्यापार धीरे-धीरे शिथिल पड़ता जा रहा है"।

इस उच्च हिमालयी इलाक़े के व्यापार और यहाँ के लोगों की जीवनशैली दोनों का इतिहास कई रोचक क़िस्सों से भरा पड़ा है। फिलहाल गुंजी पर लौटते हैं। गुंजी के केएमवीएनन के गेस्ट हाउस के साथ-साथ आईटीबीपी और ग्रिप की चौकियाँ भी हैं। दोनों ही चौकियों में रखे सेटेलाइट फ़ोन यात्रियों के अपने परिवारों से संपर्क साधने के काम आते हैं क्योंकि यहाँ कोई और नेटवर्क काम नहीं करते। साथ ही भारत ने चीनी मुद्रा युआन और रुपये को बदल सकने के लिए गुंजी में भारतीय स्टेट बैंक की एक शाखा भी खोल दी, लेकिन इस शाखा में अब तक मुद्रा को बदल सकने की सुविधा उपलब्ध नहीं हो पाई है। अब भी यहाँ अधिकतर व्यापार वस्तु विनिमय के पुराने तरीक़े से ही होता है।

सड़क के ऊपर गाँव बसा है जहाँ से अपि पर्वत की बर्फ़ से ढकी चोटी बड़ी सुंदर दिखाई देती है। साथ ही कुछ ग्लेशियर आपको झाँकते हुए दिखाई दे जाते हैं। सुंदर लहलहाते खेतों के बीच एक शांत सा गाँव जहाँ आधे साल जीवन बिखरा रहता है और आधे साल बस बर्फ़-ही-बर्फ़।

गुंजी के साथ ही ब्यांस और ऊपरी दारमा की मुख्य फ़सलें पलथी, फाफर, गेहूँ और धान हैं। चौदांस घाटी में घास, गेहूँ, दालें, सोयाबीन और मँडुआ आदि की खेती होती है। आलू भी यहाँ उगाया जाता है। ये इलाक़े बाग़वानी के लिए आदर्श माने जाते हैं। सेब के बाग़ान भी कुछ गाँव में देखे जा सकते हैं। गाँव के बीच में एक चौक बना है जहाँ महात्मा गाँधी

की एक मूर्ति बनी हुई है। सफ़ेद पत्थर से बनी यह मूर्ति इस शांत घाटी के बीचोंबीच अपनी ओर बरबस आकर्षित कर लेती है। गुंजी गाँव के घरों के स्थापत्य को देख कर साफ़ पता लगता है कि कभी यह गाँव बहुत समृद्ध रहा होगा। हालाँकि सर्दियों में पूरा गाँव बर्फ़ से पट जाता है, इसलिए यहाँ के रवासी निचली घाटी में बने अपने घरों में चले जाते हैं। ज़्यादातर लोग धारचूला में अपनी सर्दियाँ बिताते हैं।

गुंजी से ठीक पहले कुटी और काली नदी का संगम है। इस संगम के पास ही कौरव मल्ला नाम से एक गाँव है। लोग बताते हैं कि इस गाँव में गुंजी के लोगों के ही खेत हैं और खेती के दिनों में ये लोग इन गाँवों में भी रहने लगते हैं। गुंजी का महत्व इसलिए भी बढ़ जाता है क्योंकि व्यापारिक केंद्र होने के साथ-साथ यह आदि कैलास और लिपुलेख दोनों ही तरफ़ जाने वाले रास्तों के एकदम केंद्र में है। आदि कैलास और कैलास मानसरोवर दोनों ही हिंदुओं के धार्मिक महत्व के तीर्थ स्थल माने जाते हैं। यहाँ पहुँचने का पैदल रास्ता यूँ तो दुरूह है, लेकिन धारचूला से हेलीकॉप्टर के ज़रिये भी यहाँ पहुँचा जा सकता है।

ब्यांस घाटी की परंपराएँ अनूठी रही हैं। यहाँ के समाज की बुनावट अन्य पहाड़ी गाँवों से एकदम अलग है। कई मायनों में उच्च और मध्य हिमालय के ये गाँव बहुत प्रगतिशील हुआ करते थे। अब यहाँ की शादियों को ही ले लीजिए। ब्यांस घाटी में शादियों में रंग-बंग या रंग-बंद की प्रथा थी। यह एक तरह का ख़ास समूह था जो कि दारमा, ब्यांस और चौदांस घाटियों के भोटिया समुदाय में ही पाया जाता था। प्रोमोदो चट्टोपाध्याय ने क़रीब 100 साल पहले रंग-बंग का एक शानदार विवरण प्रस्तुत किया। उनके अनुसार शादी की यह प्रथा राक्षस और गंधर्व विवाह का एक तरह से मिश्रण थी। यह कोर्टशिप, विवाह पूर्व प्रेम और जान-पहचान पर आधारित थी।

गाँव में एक अलग कमरा होता था जिसे रंग-बंग की जगह या रंगबांकुरी कहा जाता था। जहाँ युवा लड़के और लड़कियाँ सूर्यास्त के बाद जमा होते थे। सभी कुँवारे वयस्क युवक और युवतियाँ सज-धजकर यहाँ आते और रात भर पीना, गाना, और नाच चलता। माँएँ अपनी लड़कियों को

अपने हाथों से अच्छे से सजातीं और उन्हें रंग-बंग में भेजतीं। बिना पुजारी, शालिग्राम, बेदी या पंजीकरण के जो जिसके प्यार में पड़ जाता उसका दूल्हा-दुल्हन बन जाता। जो लड़की जिस लड़के को चुनती वो उससे उपहार स्वरूप अँगूठी लेती। वो अपने अभिभावकों को इसकी जानकारी देती। और फिर किसी रात लड़का, लड़की को लेकर घर से भाग जाता और बाद में शादी की प्रथा होती। इन आयोजनों में कुछ सीमाएँ भी थीं मसलन एक ही गोत्र में शादी प्रतिबंधित थी।

एक अन्य किताब में 'रंग बंग छिम' का ज़िक्र है। जिसका अर्थ है- शौकाओं (रंग समुदाय) के लोगों लिए जगह। यह दारमा, चौदांस और ब्यांस घाटियों में रहने वाले लोगों की रोचक परंपरा हुआ करती थी। यह एक तरह का प्लेटफॉर्म था जिसके ज़रिये इन घाटियों के जवान युवक-युवतियाँ एक-दूसरे से मिल सकें और एक-दूसरे के साथ वक़्त बिता सकें। युवतियाँ अपने गाँव में ही रंगबंग छिम में शामिल होती थीं जबकि युवक इसके लिए दूसरे गाँव में जाते थे। ज़्यादातर युवतियाँ अपनी माँ के साथ इस जलसे में शामिल होती थीं। इसमें शामिल होने वाले हर सदस्य के लिए अपनी भाषा में लोकगीत गाना और लोकनृत्य करना ज़रूरी था। रंग समुदाय के अलावा किसी और समुदाय के सदस्य इस सामुदायिक कार्यक्रम में शामिल नहीं हो सकते थे। रंग समुदाय के जवान लड़के साल के क़रीब सात महीने व्यापार के सिलसिले में अपने गाँव से बाहर रहते थे। रंग बंग छिम उन दिनों हुआ करता था जिन दिनों व्यापार का सीज़न नहीं होता। लेकिन धीरे-धीरे जब व्यापार ही ख़त्म हो गया तो रंग बंग छिम की परंपरा भी जाती रही। डंडयाला, छम्फूली, धुशा और धुरंग ये चार तरह के नाच इस सामूहिक आयोजन में होते थे।

लेखक डबराल ने एक जगह पति और पत्नी में संबंध विच्छेद का तरीक़ा भी बताया है। उन्होंने लिखा है- पति-पत्नी दोनों के लिए रिश्ते से अलग होने के प्रावधान भी इस समाज में मौजूद थे। ऐसा दो परिस्थितियों में होता था। यदि पति दूसरी पत्नी ले आए या फिर पत्नी को किसी दूसरे पुरुष से प्यार हो जाए और वो उसके साथ भाग जाए। ऐसी स्थिति में पति

पत्नी शुल्क प्राप्त करने के बाद संबंध-विच्छेद कर सकता था। इसके लिए वो घास की दो पत्तियाँ लेता था और नए पति से उनमें से एक पत्ती खींचने को कहता था। जब नया पति एक पत्ती खींच लेता था तो तलाक की प्रक्रिया पूरी हो जाती थी। भोटिया समाज में बहुपत्नी या बहुपति विवाह का कोई प्रावधान कभी नहीं रहा।

दिनभर इस इलाक़े के बारे में जानकारी जुटाने के बाद शाम हुई तो गाँव से कुछ वाद्य यंत्रों के बजने की आवाज़ आने लगी। उस दिशा में बढ़े तो पता चला कि यहाँ एक पूजा चल रही है। पता चला कि पूजा गाँव को बारिश के प्रकोप से बचाने के लिए हो रही थी। लोगों ने बताया कि भोटिया समुदाय की कई पूजाएँ ऐसी भी होती हैं जिनमें समुदाय से बाहर लोगों को शामिल होने की अनुमति नहीं होती। पूजा में कुछ देर शामिल होने के बाद हमने विदा ली। अगले दिन हमें कुटी की तरफ़ निकलना था।

'कुरुसावा' की फ़िल्मों-सा गाँव

दिन : दस

23 जून 2015

गुंजी-कुटी

एक दिन गुंजी में आराम करने के बाद सुबह आठ बजे हम गुंजी से कुटी की तरफ़ निकल पड़े। हमारे साथ कुटी गाँव के निवासी लक्ष्मण सिंह कुटियाल भी थे जो कल ही हमें मिले थे। डॉक्टर मोहन आगे की यात्रा में हमारे साथ नहीं रहने वाले थे। उन्हें ड्यूटी बजानी थी। आगे की यात्रा रोहित और मुझे ही करनी थी, लेकिन आज कुटी तक कुटियाल जी हमारे साथ थे। नदी घाटियों के नाम पर उपनाम रखने की परंपरा का उदाहरण उनके उपनाम के रूप में हमारे साथ चल रहा था।

कुटी के लिए अभी यही कोई पाँच किलोमीटर तक सीधी सड़क थी। सड़क के दोनों ओर घना जगंल था। हमारे बाईं ओर कुछ ही देर में जंगल की जगह कुटी नदी ने ली। यह नदी अभी क़रीब-क़रीब कुटी तक ही हमारे साथ रहने वाली थी।

तीन किलोमीटर आगे ही हमें एक गाँव मिल गया। कुटियाल जी ने बताया कि यह नाबी गाँव है। नबियाल लोगों का गाँव। गाँव में जाते ही कुछ कर्मठ किसान महिलाएँ दिखाई दीं। उन्होंने बताया कि गाँव में गेहूँ, धान और आलू की अच्छी फ़सल होती है।

शौका और रंग समाज में परिवार के मुख्य कामों में महिलाओं की भूमिका अहम होती है। एक स्थानीय कहावत है- 'चिती सिदे मिरंग शिरी, स्यांगथे बंदु', जिसका मतलब है कि 'जिस तरह से चूने वाला बर्तन परेशानी का सबब बनता है उसी तरह महिला का रोना भी पूरे परिवार, रिश्तेदारों और मेहमानों के लिए परेशानी का सबब बनता है।' इस समाज में महिलाओं से उम्मीद की जाती है कि वो मज़बूत रहें ताकि वो मौसमी पलायन, खेती, और जानवरों को चराने में परिवार की पूरी-पूरी मदद कर सकें। उच्च हिमालयी इलाक़ों के मौसम और विषम परिस्थितियों में यह ज़रूरी भी है कि यहाँ की महिलाएँ उतनी ही मज़बूत रहें जितने पुरुष।

अगर इन समाजों में महिलाओं से जुड़ी लोक-परंपराओं को तलाशें तो कहानियों का एक नया संसार खुलता है। मसलन यहाँ एक त्यौहार मनाया जाता है जिसका नाम है कंदाली। इस त्यौहार के बारे में एक लोक-कथा प्रचलित है। यहाँ की महिलाओं के पुरुष जब व्यापार के लिए बाहर गए होते

थे तो ज़रूरत पड़ने पर वहाँ की बहादुर महिलाएँ कंदाली की झाड़ियों के पीछे छुपकर दुश्मनों पर वार करती थीं और उन्हें परास्त कर देती थीं।

दूसरी लोक-कथा यह भी है कि एक बार एक विधवा शौका महिला के बच्चे को फोड़े हुए तो उसने कंदाली की झाड़ियों से पत्तियाँ तोड़कर उसके पेस्ट को उनपर लगाया। इस वजह से बच्चे की मौत हो गई। दुःखी महिला ने गाँव वालों को कहा कि जब इस झाड़ी पर फूल खिलें और यह गुलज़ार हो तो इसे उखाड़कर उजाड़ दिया जाए। माना जाता है इस झाड़ी पर बारह साल में एक बार फूल खिलते हैं। तबसे हर बारह साल में यह त्यौहार मनाया जाता है। महिलाएँ और बच्चे अपनी पारंपरिक पोशाकों में जंगलों की तरफ़ बढ़ते हैं जहां कंदाली की झाड़ियाँ होती हैं। पुरुषों के पास तलवारें होती हैं और महिलाओं के पास वो ररल जिससे वो कालीन आदि बनाने के लिए कताई का काम करती हैं। सभी लोकगीतों पर नाचते-थिरकते एक जुलूस की शक्ल में आगे बढ़ते हैं। और फिर इन झाड़ियों पर हमला किया जाता है। यह एक तरह का विजय उत्सव है। कटी हुई झाड़ियों को युद्ध के अवशेष के रूप में घर लाया जाता है।

लोक-कथाओं के परे लोककथा की सी दुनिया में आने का अहसास लिए हम हम नाबी गाँव तक आ गए थे और सुबह की चाय की तलब हमें इस ढाबे में ले आई थी। यहाँ भी 2 लड़कियाँ और उनकी माँ दुकान चला रही थी। जिससे साफ़ था कि यहाँ आज भी खेती से लेकर व्यापार तक में महिलाएँ अग्रणी भूमिका में थीं।

ढाबे में चाय पीने के बाद कुछ ही देर में हम आगे बढ़ गए। जैसे-जैसे हम आगे बढ़ रहे थे यह घाटी और ख़ूबसूरत होती जा रही थी। मौसम भी एकदम ख़ुशमिज़ाज साथी की तरह हमारे साथ था। धूप खिलने लगी थी। कुटी नदी शांत बहाव से बह रही थी। रास्ते में मीठे पानी की गाड़ भी मिली। जिसका पानी इतना साफ़ था कि लगा इसे पीकर मन भी साफ़ हो गया हो।

नदी के दूसरी तरफ़ ऊपर चट्टानों में अब हमें भोजपत्र के पेड़ नज़र आने लगे थे। कुटियाल जी ने बताया कि यहाँ घरों में चूल्हा जलाने तक के

लिए भोजपत्र के पेड़ों की लकड़ियों का इस्तेमाल होता है।

अब धीरे-धीरे हम ऊपर की तरफ़ बढ़ रहे थे। रास्ते में जगह-जगह बर्फ़ के छोटे-छोटे हिमखंड थे। इनमें चलने पर फिसलने का डर ज़रूर लग रहा था पर यह बर्फ़ एकदम कठोर थी। पैर धँसा के रखने पर गिरने का उतना डर नहीं था। ख़ूबसूरत होती जाती इस घाटी में नम्फा नाले के पास एक ढाबे पर हमने खाना खाया। यहाँ से कुछ और स्थानीय लोग हमारे साथ कुटी की तरफ़ चलने लगे। आगे एक मोड़ पर हमें एक टीले नुमा संरचना में कई पत्थर रखे हुए दिखाई दिए। बाद में पता चला कि दरअसल ये पत्थर इस घुमंतू जनजाति के लिए धार्मिक महत्व के होते हैं। चढ़ाई चढ़ने के बाद एक शीर्ष स्थान पर लाल और सफ़ेद कपड़े किसी खंभे, झाड़ी या पेड़ से बँधे हुए पहले भी दिखे थे। रंग या शौका समुदाय के ये लोग जब भी इन स्थानों पर पहुँचते हैं वो दोनों हाथ जोड़कर अपना सर झुकाते हैं और देवताओं की प्रार्थना करते हैं।

डॉ. श्याम सिंह शशि की किताब 'द वर्ल्ड ऑफ़ नोमेड' में भी इस बात का ज़िक्र है। किताब में बताया गया है कि जब ऐसे किसी स्थान पर पहुँचते हैं जहाँ चढ़ाई ख़त्म होती है और उतार शुरू होता है तो उस जगह रास्ते की देवी काठबुडिया को समर्पित कर दी जाती है और यहाँ से गुज़रने वाला हर राहगीर या तो कोई पत्थर या फिर देवदार के पत्ते उस गट्ठर में रखकर जाता है। यह उस शीर्ष स्थल के लिए एक तरह की भेंट होती है। कभी-कभी ऐसी जगह पर एक छोटा मंदिर ही बना दिया जाता है। समय बदला तो इन मंदिरों को हिंदू देवी-देवताओं के नाम दे दिए गए। इसे शिव के 'लिंग' की तरह माना जाने लगा। बूदी से गर्बियांग के बीच छियालेख की चढ़ाई पर ऐसा ही मंदिर देखने को मिल जाता है। गुंजी से कुटी जाते हुए बीच में पड़ने वाले गाँव नाबी में भी पाषाण देवी का एक ऐसा ही मंदिर है जिसे अब भगवान शिव या गौरी के रूप में माना जाता है।

ऋतु पलायन करने वाली यह जनजाति मौसम पर बहुत ज़्यादा निर्भर है। इसलिए यहाँ बारिश की देवी 'गोबला' की पूजा का भी प्रचलन है। सूखे के बाद धर्मुआ नाम के देवता को पूजा जाता है। कुछ इलाक़ों में कुग्र देवता

को भी पूजा जाता है। जब उस देवता को बारिश रोकने की प्रार्थना करनी हो तो उसे सूखा आटा चढ़ाया जाता है। और जब बारिश करने की प्रार्थना करनी हो तो गीला आटा चढ़ाया जाता है। चरवाहों के भी अपने देवता हैं। रुनिया हमेशा एक जगह से दूरी जगह घूमनेवाले देवता हैं। मान्यता है कि इस देवता के पास घोड़े होते हैं जिनमें बैठकर वो रात को खोए हुए जानवरों को ढूँढ़ने निकलते हैं। जब जानवर बीमार होते हैं तो चरवाहे सिधुआ और बिधुआ नाम के दो देवताओं की पूजा करते हैं। माना जाता है कि ये दोनों भाई हैं जो बीमार जानवरों को बचाने आते हैं।

नम्फा नाले से क़रीब आठ किलोमीटर आगे चले आने के बाद अब हम एक गाड़ से पुल पार करके ऊपर की तऱफ चढ़ रहे थे। यह चढ़ाई जानलेवा थी, लेकिन जैसे ही हम उस चढ़ाई के शीर्षबिंदु पर आए अचानक जो विस्तार हमें दिखाई दिया उसने सारी थकान मिटा दी। एक ख़ूबसूरत मख़मली घास वाला बुग्याल था यह जिसपे सुडौल और ख़ूबसूरत लग रहे घोड़े घास चर रहे थे। हमारे ठीक दाईं तऱफ एक बाउंड्री वाल थी जिसके दूसरी तऱफ सेब के बागान थे। एकदम शुरू में एक गेट बना हुआ था जिस पर लिखा था- कुटी ग्रामसभा में आपका स्वागत है। मतलब हम कुटी गाँव के अहाते में थे और दूर समानांतर खेतों के बीचों-बीच एक पगडंडी सीधे गाँव के बीच में जा रही थी। ऐसा लग रहा था जैसे पगडंडी के दोनों तऱफ गाँव को समान रूप से विभाजित कर दिया गया हो। यह एक घाटी पर बसा गाँव था और गाँव के ठीक ऊपर के पहाड़ों पर कई ग्लेशियर दिखाई दे रहे थे। हरी चट्टानों के बीच-बीच में ये सफ़ेद धारी वाले ग्लेशियर ऐसे लग रहे थे जैसे प्रकृति कोई स्वेटर बुन रही हो ताकि जब ठंढ बढ़ जाए तो पूरा गाँव उसे ओढ़ सके। इस गाँव को देखकर मुझे कुरुसावा की ड्रीम सीरीज़ की फ़िल्में याद आ रही थीं। 'विलेज ऑफ़ द वाटरमिल्स' के उस बूढ़े का गाँव-सा था यह हिमालयी गाँव। एकदम साफ़-सुथरा। जैसे दुनिया की बुराइयों से अनजान कोई मासूम बच्चा।

'कुटी' का शाब्दिक अर्थ होता है झोपड़ी। माना जाता है कि महाभारत की कहानियों को जुटाने के लिए वेदव्यास यहाँ रहे थे। गाँव के बाहर

चट्टान पर कुटी का एक किला भी है। कहा जाता है कि यह किला पांडवों ने बनाया था। यहाँ से कुटी यांक्ति घाटी का मनोरम दृश्य दिखाई देता है। गाँव में मई से नवंबर तक लोग रहते हैं। उसके बाद गाँव के सारे लोग अपने-अपने सर्दियों के घरों में धारचूला के पास चले जाते हैं। स्थानीय लोगों के पास लिपुलेख दर्रे तक जाने के लिए मिलने वाला परमिट भी होता है जिससे कि वो व्यापार के लिए जा सकें। 1962 के युद्ध के बाद व्यापार पर जो असर पड़ा उससे गाँव की संपन्नता भी पहले जैसी नहीं रही। गाँव के चारों तरफ़ जो चोटियाँ थीं बाद में उनके नाम भी पता चले। ये चोटियाँ थी- छीप्याडांग (मोर चोटी), राजाय ज्यू (घोड़ा चोटी), यर्पा गल (झूलते ग्लेशियर की चोटी)। साथ ही ब्रह्म पर्वत भी गाँव के आसपास है यह भी हमें बताया गया। यहाँ लक्ष्मण सिंह कुटियाल के होम स्टे में ही हमारे रहने का इंतज़ाम कर दिया गया। अगले दिन हमें उस ख़ूबसूरत पहाड़ी पर चढ़ना था जिसे बचपन से लेकर आज तक हमने सिर्फ़ पोस्टरों में देखा था।

हमें गाँव के बीच में ठहरना था। कुटियाल ही हमें यह कहकर यहाँ ले आए थे कि वो होम स्टे के कांसेप्ट पर काम कर रहे हैं। इसलिए गाँव के लोगों के घरों में वो हमें ठहराएँगे। आज आदि कैलास यात्रा से लौट रहे एक दल को भी यहीं एक घर में ठहराया गया था। कुटियाल जी ने हमें एक अँधेरा सा कमरा मुहैया करा दिया। इस कमरे में एक कोना हमें दे दिया गया। यह कमरा इतना छोटा, घुटन भरा और अस्त-व्यस्त था कि यहाँ बस मजबूरी में नींद आते ही सोया जा सकता था। हम बाहर चले आए। बाहर एक तिरपाल के नीचे रसोई बनाई गई थी। इस रसोई में सभी यात्रियों का खाना बन रहा था। रसोई के पास ही लगी कुर्सियों में मैं और रोहित बैठ गए। चूल्हे से आती गर्मी ने हमारे ठंढे शरीरों को कुछ राहत ज़रूर दी थी। यहीं बैठे-बैठे कुछ बुज़ुर्गों से गाँव के बारे में बातें भी होने लगी थीं।

गाँव एक बुज़ुर्ग ने हमें बताया कि कुटी निकुर्च मंडी के ज़्यादा पास है इसलिए यह गाँव एक वक़्त में व्यापारिक दृष्टि से महत्वपूर्ण हुआ करता था। यह बुज़ुर्ग ख़ुद व्यापार के लिए मंडी जाया करते थे। पर अब उनका यह व्यवसाय तक़रीबन ख़तम ही हो चुका है। कुछ देर उनसे बात करके

हम उस दड़बेनुमा कमरे में वापस लौट आए। इस यात्रा में पहली बार हमारे रहने का इतना बुरा इंतज़ाम हुआ था। कमरे में आके हम बिस्तर पर लेटे ही थे कि खिड़की के बाहर आदि कैलास से लौटे दो यात्रियों की बातें कानों में पड़ने लगीं। एक युवा लड़का एक बुजुर्ग को बता रहा था, "तो हमें एक बाबाजी मिले जिन्होंने हमें बताया कि सरोवर के पास तुम्हें एक औरत दिखाई देगी। लाल साड़ी में। जैसे ही तुम्हें वो दिखे तुम उसके पैर पकड़ लेना। वो कोई और नहीं साक्षात पार्वती माँ हैं। जब हम ऊपर पहुँचे तो हमें सचमुच एक औरत दिखाई दी। उसे देखते ही मैंने और कुछ नहीं सोचा बस बाबा को याद किया और उस महिला के पैर पड़ गया। वो बोली तो कुछ नहीं, पर मुझे तो आशीर्वाद मिल गया ना। यू नो आई वाज़ वेरी लकी।"

शिव शंकर की पत्नी पार्वती 'माँ' से मिल आया यह शख़्स पढ़ा-लिखा था। एक अच्छे-ख़ासे महँगे पैकेज का पैसा देकर वो यहाँ पहुँचा था। तो यहाँ उसके जीवन में कुछ तो एक्स्ट्राऑर्डिनरी होना ही था।

"अगर तूने पाप किए होंगे तो तुझे माँ नहीं दिखाई देंगी।"

बाबा की कही इस पंक्ति को उस शख़्स ने अपने सुनाए अनुभव (गप्प) में रेखांकित किया था। खिड़की के भीतर यह बात सुनते हुए रोहित और मैं सिर पीट रहे थे। हम पाप कर चुके थे। हमें शायद पार्वती माँ के दर्शन अब नहीं होने वाले थे। मैंने खिड़की के बाहर झाँककर साक्षात उस आदमी को देखा। वो आदमी अब कोई और कहानी सुनाने में व्यस्त हो गया।

कुटियाल जी के इस होम स्टे में रात के खाने के लिए बुफ़े सिस्टम था। बाहर आँगन में टेबल पर दाल, चावल, दही, छोले, सब्ज़ी, सलाद सब कुछ था। हल्की-हल्की बल्ब की रोशनी और हल्की-हल्की हवा में खाना खाते हुए यह संतोष ज़रूर हुआ कि कम-से-कम खाना तो अच्छा मिल रहा है। खाना खाकर हम अपने दड़बेनुमा कमरे में लौट आए। थकान कमरे की घुटन पर हावी हो गई। कुछ ही देर में नींद ख़ुद को आने से नहीं रोक पाई।

ज्योलिंग्कोंग में पहले क़दम

दिन : ग्यारह

24 जून 2015

कुटी–ज्योलिंग्कोंग

सुबह साढ़े सात बजे उठे तो मौसम ठीक था। हम तैयार होकर गाँव में आगे बढ़ गए। पास ही नाश्ते के लिए एक जगह ठहरे तो पता चला यह कुँअर सिंह कुटियाल की दुकान थी। यहाँ छोटा-सा ढाबा, एक किराने की दुकान और वहीं उनका घर भी था जहाँ यात्रियों के ठहरने के लिए भी कमरे बने थे। हमने नाश्ता किया और कुटियाल जी से कुछ देर गाँव के बारे में बातचीत की। कुटियाल जी ने बताया कि गाँव में एक लघु विद्युत परियोजना पर काम चल रहा है। हालाँकि इस परियोजना को 6 साल हो गए हैं लेकिन अभी साठ फ़ीसदी काम ही हुआ है। उन्होंने बताया कि यह 96 लाख रुपये की लागत वाला 50 किलोवाट का एक प्रोजेक्ट है जिसमें गाँव की पचास फ़ीसदी की भागीदारी होगी और जो मुनाफ़ा होगा उसका आठ फ़ीसदी सरकार को दिया जाएगा। इतने दुरूह गाँवों में ऐसी किसी भी परियोजना पर काम करना फ़ायदेमंद तो बहुत है, लेकिन उतना ख़र्चीला भी है। उन्होंने बताया कि धारचूला से यहाँ एक कट्टा सीमेंट पहुँचाने में 1900 रुपये का ख़र्च आ जाता है। इसलिए गाँव के लोग चाहते हैं कि यहाँ तक सड़क आ जाए। ताकि ट्रांसपोर्टेशन का ख़र्च कम हो सके। यहाँ बिजली की समस्या का हल ऐसी लघु विद्युत परियोजनाओं से ही निकल सकता है और ऐसी परियोजनाएँ गाँव वालों को आर्थिक रूप से सक्षम बनाने में भी फ़ायदेमंद साबित हो सकती हैं।

कुटियाल जी से मिलने के बाद वहाँ काम कर रहे एक छोटे बच्चे राहुल से भी बात हुई। 12 साल का राहुल यहाँ खाना बनाने और बर्तन धोने में मदद कर रहा था। उसके पिताजी अब इस दुनिया में नहीं थे। काम की तलाश में नेपाल से यहाँ इतनी दूर अजनबियों के गाँव में चला आया था। वो हमारी तरह यात्री नहीं था। उसका इस वक़्त कुटी में होना ज़िंदगी के किसी रोमांच का हिस्सा नहीं था। यह एक मजबूरी थी जो उसे इस उम्र में अपनी माँ से, अपने घर वालों से इतनी दूर ले आई थी। उसने बताया वो भी हमारे दिल्ली आया था एक बार पर उसे पसंद नहीं आया और वो वापस लौट आया। मैं उसे कैसे बताता कि दिल्ली में पसंद और नापसंदगी उतने मायने नहीं रखती। वो अपने अस्तित्व को बचाए रखने में जुटी उन मशीनों का शहर है जो बीच-बीच में ऐसे ही किसी दिन शहर से बाहर निकलकर

पहाड़ों में बिखरे सन्नाटों को सुनने चले आती हैं ताकि उनका इंसान होने का मुग़ालता बरक़रार रहे।

राहुल से विदा ली तो एक बुजुर्ग मिल गए जिन्होंने हाथों में कैमरा देखा तो गाँव में घुमाने लेकर चल दिए हमें। उन्होंने हमें तीन सौ साल पुराना एक मकान दिखाया और बताया कि ऐसे और भी कई मकान इस गाँव में अब भी हैं। इस घर पे हुई नक़्क़शी बताती थी कि एक दौर रहा होगा जब यहाँ के लोगों ने भरपूर संपन्नता भोगी होगी। तिब्बत की ग्यानिमा मंडी के नज़दीक के इस गाँव में रंग समुदाय के संपन्न व्यापारी रहा करते थे और कुटी नदी यहाँ के खेतों को भी उर्वर बनाए रहती थी। सेब के बागान उस उन्नत खेती की बानगी दे रहे थे।

डेढ़ घंटा गाँव में बिताने के बाद हम आगे बढ़ गए। अभी हमें चौदह किलोमीटर चलना था जिसमें पहले कुछ किलोमीटर ढलान थी और उसके बाद चढ़ाई। अभी हम 3300 मीटर की ऊँचाई पर थे और ज्योलिंगकोंग नाम की जिस जगह हमें पहुँचना था उसकी ऊँचाई क़रीब 5 हज़ार मीटर के आस-पास थी। इस ऊँचाई पर अभी ऑक्सीजन की कमी भले ही महसूस नहीं हो रही थी, लेकिन यह तय था कि ऊपर के इलाक़ों में चलने में साँस लेने में दिक़्क़त ज़रूर होगी और उससे हमारे चलने की रफ़्तार भी धीमी होगी ही। इसलिए समय पर निकलना इस वक़्त ज़रूरी था।

हमारा अनुमान ठीक ही था। जैसे ही पहाड़ी घुमाव से ऊपर की तरफ़ बढ़ते जा रहे थे ऑक्सीजन की कमी और ज़्यादा महसूस होने लगी थी। रास्ते में दो मज़दूरों से मुलाक़ात हुई। उन्होंने बताया कि ये लोग रास्तों को ठीक करने और बर्फ़ को रास्तों से हटाने के लिए ठेकेदारों द्वारा नियुक्त किए गए हैं। बर्फ़ से पटे रास्ते के पास ही उगी घास के उस टीले पर दो मज़दूर बैठे हुए थे उनमें से एक बहुत उदास लग रहा था। उसकी बाईं आँख के पास चोट का एक निशान था और चेहरा सूजा हुआ था। उसकी उम्र हमारी ही उम्र के आस-पास रही होगी। चोट के बारे में पूछा तो उसने बताया कि बर्फ़ साफ़ करते हुए पर फिसल गया और पास ही पड़े पत्थर से आँख में चोट आ गई। घर से इतनी दूर यहाँ न कोई उनसे उनकी चोट

के बारे में पूछने वाला था न ही किसी को उसकी परवाह थी। किसे फ़र्क़ पड़ता है ऐसे ही किसी रोज़ कोई किसी चोटी से गिरकर मर जाए। किसी की हड्डियाँ टूट जाएँ। मज़दूरों की ऐसी कई मौतें इन दुरूह घाटियों में हो जाती होंगी जो कहीं दर्ज भी नहीं होतीं। कोई किसी से उन मौतों का हिसाब नहीं माँगता। अपनी जान हथेली पर रखकर हमारे रास्तों को आसान बनाने वाले ये मज़दूर अपनी उदासी के साथ हमारे ज़ेहन में समा गए थे। हमने अपने बैग में रखी पेन किलर का एक पत्ता उस मज़दूर को दे दिया और आगे बढ़ गए। यात्राओं की एक तल्ख़ सच्चाई यही है कि रास्ते में मिले सुख-दुःख आपको रास्ते में ही कहीं छोड़ देने होते हैं। उन्हें अपने ज़ेहन में लेकर चलने से जो बोझ बढ़ता है वो आपको आगे नहीं बढ़ने देता। इन मज़दूरों के दुःख को पीछे छोड़कर हमें आगे बढ़ना था। हम बढ़ गए।

क़रीब दो किलोमीटर बाद बर्फ़ से पटे रास्ते के कुछ आगे हमें एक नीला टैंट दिखाई दिया। हमें इस वक़्त चाय की सख़्त ज़रूरत महसूस हो रही थी। रास्ते भर हमें सन्नाटे और भेड़, बकरियों की आवाज़ों के सिवाय कुछ और नहीं सुनाई-दिखाई दिया था। एकदम साफ़ नीला आसमान, भोजपत्र के कुछ पेड़, बर्फ़ से पटी कुछ पगडंडियाँ, हमारी चढ़ती साँसों की आवाज़ और हमारी ही भीतर की ख़ामोशियों की उतरन लिए पहाड़ों को लाँघ जाता एक रास्ता। बस। अब तक यही हमारे साथ था। इस टैंट में कोई नहीं था, पर एक चूल्हे और कुछ बर्तनों के साथ चाय बनाने का सामान हमें दिख रहा था। कुछ देर के इंतज़ार के बाद भी जब कोई नहीं आया तो हम आगे बढ़ने की सोच ही रहे थे कि पीछे से वही दो मज़दूर आते दिखाई दिए जो हमें कुछ देर पहले मिले थे। साथ में न जाने कहाँ से उनके दो-तीन साथी भी चले आ रहे थे। यह उन्हीं का टैंट था। इतनी पहचान तो काफ़ी थी। अगले पंद्रह मिनट में गरमागरम चाय का कप हम दोनों के हाथों में था। बिना दूध की, अतरंगी पत्तियों वाली यह चाय नीले टैंट के भीतर कुछ-कुछ हरे रंग की नज़र आ रही थी। और इस चाय की चुस्की वक़्त के उस हिस्से में ज़िंदगी का सबसे बड़ा सुख थी। धीरे-धीरे धड़कती साँसों में जज़्ब हो गई थकावट को उस चाय ने जैसे सोख लिया हो।

क़रीब दो घंटे बाद हम ज्योलिंग्कोंग में थे। हमारे चारों तरफ़ बर्फ़ से ढके पहाड़ अँधेरे में डूबने को तैयार थे। कड़कड़ाती हुई ठंढ ने हमारा स्वागत किया। फिर हमारी मुलाक़ात कुमाऊँ मंडल के गेस्ट हाउस के मैनेजर जमाल साहब से हुई। हमने उन्हें अपना आदेश पत्र दिखाया तो वो हमें इतनी ऊँची जगह में गेस्ट हाउस चलाने की परेशानियाँ बताने लगे। अभी मन था कि सबसे पहले पसरने को बिस्तर मिल जाए। पर औपचारिकतावश कुछ देर हमें उनसे बतियाना पड़ा। कुछ देर की बातचीत के बाद हमें गरम सूप और एक कमरा दे दिया गया। बाहर इतनी ठंढ थी, लेकिन फ़ाइबर के बने इन बंकरों में उस ठंढ का अहसास तक नहीं था।

रात को खाने के लिए हमें किचन में ही बुला लिया गया। सामने तिपाई वाला चूल्हा जल रहा था। आग की आँच शरीर को मिली तो रोम पुलकित से हो उठे। चूल्हे के पास बैठकर तवे से निकली गरम रोटियाँ और न्यूट्रीला की सब्ज़ी हमें खिलाई गई। सर्दी में खाने का सबसे ज़्यादा स्वाद उसकी गर्मी का आता है। गरम-गरम खाना खाकर हम अपने बंकर में लौट आए। अब नींद आखों में डुबकी लगाने को तैयार बैठी थी।

आदि कैलास में 'तस्वीर'

दिन : बारह

24 जून 2015

ज्योलिंग्कोंग–कुटी

सुबह उठते हुए कुछ देर हो गई। साढ़े सात बज चुका था।

"अरे आप लोग उठे नहीं अभी! आदि कैलास तो सुबह-सुबह ज़्यादा अच्छा लगता है।"

चाय लेकर आए उस शख़्स ने ज़ोर से कहा तो हमारी नींद खुली। बिस्तर पे लेटे-लेटे ही हमने चाय पी। उनींदी आँखों से उस छोटी-सी शीशे की खिड़की के बाहर देखा और सब कुछ जगमगाता-सा लगा। जल्दी से चाय पीकर बाहर गए। बाहर काफ़ी ठंढ थी, लेकिन आँखें चौंधिया रही थीं। चारों ओर बर्फ़ से ढके पहाड़ थे और उन पहाड़ों के बीच मैदान-सी जगह में हमारा यह बंकर था।

कल शाम जब यहाँ पहुँचे तो अँधेरा था इसलिए आस-पास का नज़ारा एकदम साफ़ दिख नहीं रहा था। लेकिन अभी जब सूरज ने अपने रंग बिखेरे तो यह नज़ारा जैसे एकदम बदल गया हो। लगता था कि रात के अँधेरे के छँटते ही सारे पहाड़ एकदम नए सफ़ेद कपड़े पहनकर आस-पास खड़े बातें कर रहे हों। तेज़ चलती हवा की सरसराहट ही जैसे उनकी आवाज़ हो।

हम अगले आधे घंटे में तरो-ताज़ा हुए और अपने कैमरे लेकर निकल पड़े। गेस्ट हाउस के कर्मचारियों ने बता दिया कि यहाँ से मुश्किल से तीन किलोमीटर चलकर पार्वती सरोवर है और आदि कैलास तो बस अगले कुछ चार सौ मीटर बाद ही पूरी तरह नज़र आने लगा। उसका कुछ हिस्सा गेस्ट हाउस से भी दिखाई दे रहा था।

जैसे ही हमने चलना शुरू किया वायुमंडल का दबाव सिर में महसूस होने लगा था। ऑक्सीज़न की कमी एकदम साफ़ पता चल रही थी। एक-एक क़दम रखना यहाँ भारी लग रहा था। हमारे चलने की रफ़्तार ख़ुद-ब-ख़ुद धीमी हो गई थी।

ज़रा-सा आगे बढ़ने के बाद ही हमारी बाईं तरफ़ बर्फ़ से पूरी तरह ढका एक बहुत ख़ूबसूरत पहाड़ हमें देखकर मुस्कुरा रहा था। एक चील उसकी चोटी को छू आने की कोशिश कर रही थी। जैसे झक सफ़ेद पश्मीना ओढ़े कोई उजला शख़्स किसी सोच में डूबा कोई कविता लिख रहा हो।

बचपन से अब तक दीवाली के दिनों घर में आने वाले पोस्टरों में

जिस पहाड़ को देखा था वो आज आँखों के एकदम सामने था। इसे देखना ठीक वैसा ही था जैसे पहली बार शाहरुख़ ख़ान को कुछ क़दमों की दूरी पर देखा था और अनिल कपूर जब पहली बार मुझे देखकर मुस्कुराया था। किसी फ़िल्मी सितारे की सिनेमाई भव्यता को एकदम क़रीब से देख लेने से भी कहीं आगे का एहसास था आदि कैलास को इतने पास से देख लेना।

कुछ देर आदि-कैलास की तस्वीरें अपने कैमरे में उतारते रहने के बाद जब उसकी ख़ुमारी कुछ हल्की हुई तो हम बहुत धीमी रफ़्तार से आगे बढ़ गए। आस-पास झक सफ़ेद पहाड़ों से घिरे बस दो शख़्स, तेज़ चलती हवा की आवाज़ से लिपटी ठंढ को ख़ुद में जज़्ब किए आगे बढ़ रहे थे। जैसे कोई दुनिया से परे की जगह हो ये। दूर-दूर तक न कोई पंछी, न कोई जानवर, न कोई आवाज़ और उस अंदाज़ा भी नहीं कि जहाँ हम जा रहे हैं वो जगह आख़िर कैसी होगी।

दूर से कई बार ऐसी आवाज़ें आतीं कि लगता सामने जो बर्फ़ से ढके पहाड़ हैं वहाँ बर्फ़ीले चक्रवात चल रहे होंगे। हल्का डर भी था कि कहीं कोई एवलोंच या बर्फ़ का तूफ़ान न उठने लगे। छियालेख से लौटते हुए एक शख़्स ने बताया था कि एक बार बर्फ़ का एक तेज़ तूफ़ान वहाँ आया और आईटीबीपी के क़रीब दस जवान उसकी चपेट में आकर मारे गए थे। हालाँकि यहाँ आस-पास सबकुछ एकदम शांत था। इस शांति में एक ख़ास तरह की सौम्यता थी जिसे देखकर किसी प्राकृतिक क्रूरता की आशंका लगती तो नहीं थी। पर यह जगह उस नए-नए मिले अजनबी की तरह थी जिसके बारे में हमें पता नहीं होता कि वो किस बात पर कैसी प्रतिक्रिया देगा।

दूर एक टीला दिख रहा था जिसके पार एक अजूबे-सी दुनिया है यह हमें लोगों ने बताया था। मुझे गर्बियांग में मिले उस बूढ़े आदमी की बात याद रही थी।

"अजीब सा सम्मोहन है वहाँ... एक बार जाओ तो फिर लौटने का मन ही नहीं करता।"

एक पगडंडी से चलते हुए हमने वो टीला पार किया। टीले के पार

ही पहुँचे थे कि सामने एक और टीला नज़र आया। उस टीले पर भागता हुआ एक जंगली जीव हमें दिखाई दिया। दूर से नेवले जैसा लगता था। सरपट भागता हुआ वो जीव टीले पर चढ़कर एक गड्ढे के पास रुक गया। यह शायद उसका बिल था। पास से थोड़ा-थोड़ा खरगोश की तरह लगने वाला यह जीव आख़िर था क्या? कहीं इंसानों पर हमला करने वाला कोई जीव तो नहीं होगा? हल्का डर भी लग रहा था। पर कुछ ही देर में उसके इरादे साफ़ हो गए। और वो चुपचाप गड्ढे में चला गया। यह गड्ढा शायद उसका बिल था। बाद में पता चला कि जानवर का नाम 'फिया' है। फिया की कुछ तस्वीरें दूर से ही उतारकर हम आगे बढ़ गए।

कुछ ही आगे बढ़े थे कि कहीं ऊपर से सन्नाटे को बाधित करती एक आवाज़ सुनाई दी। यह एक चरवाहे की आवाज़ थी शायद। ऊपर देखा तो उस टीले के एकदम सिरे से एक शख़्स चलता हुआ नीचे उतर रहा था। हमें देखकर वो शख़्स हमारी तरफ़ ही आने लगा।

पास पहुँचा तो शक्ल पहचान में आ गई। यह वही शख़्स था जो ज्योलिंगकोंग पहुँचने के ठीक पहले मिला था। वही शख़्स जिसका नाम एकदम नाटकीय तरीक़े से इस जगह के एकदम मुफीद था- तस्वीर।

आदि कैलास में तस्वीर नाम के इस आदमी से मिलकर बड़ी ख़ुशी हुई। वो हमारे साथ-साथ चलने लगा। चलते हुए तस्वीर ने बताया कि पार्वती सरोवर सामने दिख रहे टीले के एकदम क़रीब है। हमें इस टीले पर चढ़कर कुछ नीचे उतरना था।

तस्वीर से बातें आगे बढ़ीं तो उसने बड़े ख़ुश होते हुए बताया, ''मेरा नाम तस्वीर है करके एक यात्री ने मुझे एक हज़ार रुपये दे दिए। कहने लगे ये बस इसलिए दिए हैं क्योंकि तेरा नाम तस्वीर है।''

तस्वीर। आस-पास सबकुछ यहाँ किसी ख़ूबसूरत तस्वीर-सा ही था। एकदम कवितामय। बस साँस लेनी थोड़ी मुश्किल लग रही थी। ऐसा लग रहा था जैसे हल्की-सी मदहोशी छा रही हो और इस मदहोशी में सबकुछ और रहस्यमय-सा लगने लगा था।

तस्वीर ने बताया कि वो नेपाल से आया है और एक नौकरी कर रहा

है। नौकरी यह कि उसे सैकड़ों भेड़ों को पालना है। उन्हें एक जगह से दूसरी जगह चरने के लिए ले जाना है।

"यहाँ ना सबके अपने अपने हिस्से होते हैं.. जैसे मेरा हिस्सा यहाँ से बारह तेरह किलोमीटर आगे पड़ेगा। मैं क़रीब एक महीना वहीं अपनी भेड़ें चराऊँगा। ऐसे ही किसी के हिस्से हुड्क्याधार के आस-पास का इलाक़ा होगा तो किसी के हिस्से नीचे कुटी के पास का। जिसके हिस्से जो ज़मीन होगी वो वहीं अपने जानवर चराएगा।" तस्वीर ने बताया। यह भी कि उसका एक बेटा है जिसे अभी वो कान्वेंट स्कूल में पढ़ा रहा है। वो आगे विदेश में पढ़ना चाहता है। जो नौकरी वो कर रहा है उसके लिए उसे यही कोई तीन साढ़े तीन लाख रुपये मिल जाएँगे। इन पैसों को वो अपने बेटे के लिए जमा कर रहा है।

तस्वीर की बेटी भी है, लेकिन वो सरकारी स्कूल में पढ़ती है क्योंकि दो बच्चों को वो इतने महँगे स्कूल में नहीं पढ़ा सकता।

"लेकिन बेटे और बेटी के साथ ये भेदभाव क्यों?"

इसके जवाब में वो यही कहता है, "क्या करें साब। पैसे होते तो दोनों को अच्छे स्कूल में पढ़ाते। वैसे मैं तो पढ़ा-लिखा हूँ नहीं, मेरी पत्नी ग्यारहवीं तक पढ़ी है.. वो नहीं पढ़ी होती तो मेरा हिसाब-किताब कौन करता। लड़की जितना पढ़ना चाहेगी उसे उतना पढ़ाऊँगा ज़रूर।"

तस्वीर के मन में यह कहते हुए एक अपराधबोध तो था। पर इतने मुश्किल परिवेश में जहाँ हमारा चलना तक मुश्किल हो रहा था वहाँ यह आदमी इसलिए इतनी मेहनत कर रहा है ताकि उसके बच्चे पढ़-लिख जाएँ, यह कम बड़ी बात नहीं थी।

कुछ आगे चलकर तस्वीर को देखते ही एक काला-झबरीला कुत्ता दौड़ता हुआ आया और तस्वीर के सामने आकर पूँछ हिलाने लगा। इस एकांत में यह कुत्ता तस्वीर का साथी था। सामने ही एक टीले पर बर्फ़ जमी हुई थी जिसमें यह कुत्ता लोट-पोट होने लगा। शायद उसे बर्फ़ में अच्छा लग रहा था। यहीं तस्वीर ने हमसे विदा ली। और वो दुरूह पहाड़ पर कहीं ऊपर चला गया। अपनी भेड़ों के पास।

घुमक्कड़ चरवाहों की इस सदियों पुरानी और धीरे-धीरे ख़त्म होती जाती परंपरा (जिसे अंग्रेज़ी में पेस्टोरल नोमेडिज्म कहा जाता है) की आख़िरी निशानदेही-सी देता तस्वीर पहाड़ के पीछे कहीं गुम हो गया था और हम अब पार्वती सरोवर के एकदम क़रीब थे।

टीले की दूसरी तरफ़ बर्फ़ से ढके आदि कैलास के पैरों पर एक शांत और एकदम साफ़-सुथरी झील बह रही थी। इसी झील का नाम था पार्वती सरोवर। इस झील में आदि कैलास पर्वत की परछाईं दिखाई दे रही थी। जैसे इस जनशून्य इलाक़े में ज़मीन पर कोई साफ़-सुथरा आईना बिछा हो जिसमें आस-पास के पहाड़ उचक-उचककर अपनी परछाईं देख रहे हों। इस वक़्त मैं कह सकता था कि इतना ख़ूबसूरत नज़ारा मैंने आज तक अपनी आँखों के सामने इससे पहले कभी नहीं देखा था। और इस भरी-पूरी ख़ूबसूरती को रोहित और मुझे किसी और से नहीं बाँटना था। प्रकृति की इस ख़ूबसूरत नेमत के हम अकेले अधिकारी थे।

लेकिन एक मिनट। हमारा यह भ्रम कुछ ही देर में टूट गया। यहाँ टीले के बीच में झील के किनारे एक मंदिर था जिसमें एक आदमी नज़र आ रहा था। उस आदमी से बात करने की मंशा से हम उस मंदिर के पास चले गए। हमने उस आदमी से बात करने की कोशिश की, पर उसने सुनी की अनसुनी कर दी। साफ़ था कि शायद वो मौनव्रत में था और दुनिया से कट जाने के लिहाज़ से यहाँ आकर रह रहा था। शायद किसी दार्शनिक यात्रा में था वो आदमी।

ख़ैर, उसे उसके मौन के साथ छोड़कर हम ऊपर एक टीले की तरफ़ बढ़ गए जहाँ पीले रंग के सैकड़ों फूल खिले थे। फूलों के सामने झील और झील के सामने बर्फ़ से ढका आदि-कैलास। इससे ख़ूबसूरत नज़ारा और हो क्या सकता था!

क़रीब एक घंटा हम इस टीले पर बैठे आस-पास बिखरी दुनिया को निहारते सोचते रहे कि स्वर्ग अगर कहीं होगा तो वो और कैसा दिखता होगा? यह कौन-सी ताक़त थी जो हमें क़रीब सवा सौ किलोमीटर के पैदल सफ़र के बाद यहाँ ले आई थी? इतनी मेहनत करके हम क्यों चले आए थे

यहाँ? वो कौन सी मन:स्थिति है जो अपने-अपने कंफ़र्ट ज़ोन से खींचकर हमें देश और दुनिया में बिखरे ऐसे विरले कठिन रास्तों पर ले आती है? इन सारे सवालों का मौन उत्तर देता हुआ-सा एक रहस्यमय वातावरण था यह। सचमुच यहाँ एक ऐसा सम्मोहन था कि लौटने का मन नहीं कर रहा था। और फिर अचानक एक एहसास हुआ। एक अजीब-सा एहसास।

ऊँचाई का एहसास।

जहाँ हम इस वक़्त खड़े थे वहाँ बड़ी-बड़ी पर्वत शृंखलाएँ हमें ख़ुद से नीचे दिखाई दे रही थीं। यह वो जगह थी जहाँ इंसान नहीं बसते। दूर-दूर तक बस हवा की आवाज़। न पेड़, न पंछी, एक शांत-सी झील मौनव्रत करती हुई। चारों तरफ़ नुकीले पहाड़ बर्फ़ पहने हुए। जैसे कोई बाहर की दुनिया हो वो जहाँ न कोई बड़ी इच्छा है, न कोई डर, न घबराहट। जैसे सारी जिज्ञासाएँ ख़त्म हो गई हों। मन धुल गया हो जैसे। यहाँ प्रकृति से कोई छेड़छाड़ नहीं थी। कुछ भी बनावटी नहीं था। बिना छेड़छाड़ के, बिना बनावट के, निहायती मौलिक हो जाना कितना ख़ूबसूरत और मासूम हो सकता है यह क्यों नहीं समझ पाते हम?

फिर एक और एहसास कि यहाँ वही पहुँच पाते हैं जो ज़िंदगी के रोज़मर्रापन में थोड़ा कम यक़ीन रखते हैं। जो कुछ समय के लिए ही सही उन बेड़ियों को तोड़ पाते हैं जो आपको ज़िंदगी के बहुत क़रीब आने से रोक देती हैं। इतना क़रीब कि आप यह जानने लगें कि आपकी धड़कनें वायुमंडल का कितना दबाव सह सकती हैं। आपके पैर कितने मील चलकर डगमगाने लगते हैं। आपका चेहरा कितना थककर पसीने से नहा जाता है। आप कितनी ठंढ सहन कर सकते हैं और किसी अजनबी की मुस्कराहट देखके आप कितने ख़ुश हो सकते हैं या फिर बिना किसी पुराने रिश्ते के आप पहली बार किसी के दुःख को देखकर कितना दुःखी हो सकते हैं। ऊँची पहाड़ी से गिरता कोई झरना, किलोमीटरों तक पहाड़ उतरती जाती कोई पगडंडी, अपनी ही धुन में छलछलाती चलती चली जाती कोई नदी आपकी भावनाओं में क्या फ़र्क़ डालती है?

मुझे इस वक़्त उस चरवाहे तस्वीर की वो इच्छाशक्ति याद आ रही थी

जो इतनी दुरूह जगह पर बस इसलिए महीनों गुजार सकता है कि अपने बच्चों को अच्छे स्कूल में पढ़ा सके। वो माँ याद आ रही थी जिसने मान लिया था कि उसके लिए मेरी बेटी मर गई है, क्योंकि उसने एक परदेसी से प्यार कर लिया है। कुहू की वो आँखें याद आ रही थीं जो उसके नन्हे हाथों में कैमरा आ जाने से कौतूहल से चमक उठी थीं। वो मज़दूर याद आ रहा था जो बर्फ़ के ग्लेशियर के किनारे सूखी ज़मीन पे बैठा अपनी चोट के बारे में बताते हुए आकाश से भी गहरी उदासी उस सन्नाटे में बिखेर रहा था। उस खच्चर के चेहरे की वो तनती नसें याद आ रही थीं जो भारी बोझ लादे खड़ंजा चढ़ रहा था।

मुझे वो मैं याद आ रहा था जो यात्रा शुरू करने से पहले इन अजनबी लोगों, जीवों और दृश्यों से नहीं मिला था। जिसने ज़िंदगी में इससे पहले कभी भोजपत्र के पेड़, जंगली भरल, झुप्पू और ग्लेशियर नहीं देखे थे। जो नहीं जानता था कि पाँच हज़ार मीटर की ऊँचाई पर खड़े होकर दुनिया को अपने क़दमों के नीचे महसूस करना कैसा होता है? और फिर अचानक सामने खड़े बर्फ़ की सफ़ेदी से चमक रहे उस आकाश को क़रीब-क़रीब छू लेते उस आदि कैलास पर्वत पर नज़र गई तो अपने अदनेपन को भी तुरंत महसूस कर लिया मैंने। इतनी बड़ी प्रकृति के एक बिंदु मात्र हिस्से-सा मैं। आँखें बंद कीं। पूरी दुनिया उस अँधेरे में एक पल को कहीं खो गई। फिर चेहरे पर पड़े ठंडी हवा के तेज़ झोंके ने जैसे सारे ख़्यालों को माँज दिया हो। आँख में पानी की एक हल्की-सी लकीर उस मिटाए हुए को धोने चली आई।

अपना पुराना 'मैं', आदि कैलास पर्वत की उन ऊँचाइयों में छोड़ दिया था मैंने। जो यहाँ आता है वो नया होकर लौटता है। पर लौटता है वहीं जहाँ से वो पुराना-सा चला आया था। अपने पुरानेपन में नया होकर लौटना था मुझे।

यह लौटना यात्राओं का एक ऐसा सच है जिसे चाहे-अनचाहे हमें अपनाना तो होता है। ऐसी यात्राओं के बाद जहाँ हम लौट रहे होते हैं, जिसे हम घर कहते हैं उसकी अवधारणा ही बहुत अर्थहीन लगने लगती है। पर

ठहराव भी उतना ही बड़ा सच है जितना लौटना। कितना अच्छा हो कि ये अपने या किराए के घर बस पड़ाव भर बनकर रह जाएँ। ऐसा पड़ाव जो हमारी यात्राओं के रास्ते में पड़ता हो, जहाँ ठहरने की अवधि कुछ ज़्यादा हो, लेकिन जहाँ बस इसलिए ठहरा जाए कि अभी और आगे चलते चले जाना है। पैसा हासिल करने के लिए नौकरी नहीं, बल्कि अनुभव हासिल करने के लिए यात्राएँ अगर जीवन का सच बन जातीं तो ज़िंदगी कितनी हसीन होती! पर अफ़सोस कि ऐसा नहीं है। आज शाम तक हमें कुटी पहुँचना था इसलिए बस ढाई घंटे पार्वती सरोवर के पास बिताकर हम लौट आए। हाँ, लौटने से पहले उस क्षण के एहसास को रोहित और मैंने अपने डीएसएलआर कैमरे में ज़रूर उतार लिया। एहसास के देखे जा सकने वाले लम्हे तो कैमरे में उतर आए थे, लेकिन जो महसूसा था हमने उसे कैमरा भला कहाँ क़ैद कर पाता! उस महसूसे हुए के कुछ अंशों को अपने ज़ेहन में क़ैद कर हम लौट रहे थे। ज़िंदगी में ये ढाई घंटे हमें नसीब हुए, हम भाग्यशाली ही थे।

वो रात मौत के रंग की

दिन : तेरह
26 जून 2015
कुटी–गुंजी

मैं उठा और मैंने अपनी आँखें मींचकर खोलीं। दरवाज़े पर चिपका किसी कोरियन फ़िल्म की हीरोइन का वही पोस्टर सबसे पहले नज़र आया जिस पर रात को सोते हुए भी एक बार नज़र ठहरी थी। पोस्टर में मौजूद इस लड़की की आँखों में एक ख़ास तरह का आकर्षण था। वो आकर्षण शायद इसलिए और बढ़ गया था क्योंकि मिट्टी की बनी एकदम पुरानी-सी दीवार से घिरे इस दड़बेनमा कमरे में पुरानेपन की धूल से सनी चीज़ों के बीच यह पोस्टर ही एक अकेली चीज़ थी जो एकदम ताज़ी लगती थी। एक और ख़ास बात जो इस पोस्टर के बारे में थी वो यह कि यह समुद्र तल से क़रीब साढ़े तीन हज़ार मीटर की ऊँचाई पर मौजूद इस घर में लगा था जो हमारे लिए हमारी एक लंबी यात्रा के बीच एक पड़ाव भर था। एक सदियों पुराने से लगने वाले गाँव कुटी के एकदम बीच हमने पिछली रात इसी घर में बिताई थी। पोस्टर वाली उस लड़की की हम पर लगातार पड़ती नज़रों के साथ।

कुटी। इससे ख़ूबसूरत गाँव मैंने इससे पहले कभी नहीं देखा था। उबड़-खाबड़ पहाड़ और साँप की तरह तेज़ी से सरपट दौड़ती उफनती हुई कुटी नदी। इसके बीच बची रह गई सँकरी-सी जगह पर बने चढ़ते-उतरते रास्तों से गुज़रकर अचानक आप एक विस्तार पर आ पहुँचते हैं। एकदम हरी मख़मली घास के बुग्याल, उनमें घास चरते सुडौल माँसपेशियों वाले चंद घोड़े, पत्थर की एक छोटी-सी दीवार और उस दीवार के आख़िरी छोर से सीधे गाँव की तरफ़ चढ़ जाती एक पगडंडी। पगडंडी के दोनों तरफ़ पत्थर के बने मिट्टी से पुते काली ढलवा छतों वाले घर और गाँव के ठीक ऊपर हरे-हरे पहाड़ और उन पहाड़ों पर नंगी पथरीली चट्टानों पर बिखरी हुई हल्की जमी हुई बर्फ़ की कई परतें। और हाँ, चढ़ती हुई शाम से ठीक पहले बची रह गई हल्की-हल्की धूप भी। इतने ऊँचे इलाक़े में क़रीब 18 किलोमीटर चलकर आने के बाद थकान से भारी हो गए बदन को ऐसी जगह सुस्ताने के लिए मिल जाए तो किसी स्वर्ग से कम नहीं लगती। दो दिन पहले जब पहली बार कुटी को देखा था तो यही अहसास था।

धूप पिछले हफ़्ते भर में हमसे ख़ूब दोस्ती कर चुकी थी। गुंजी से ओम पर्वत जाने के बाद हम आदि कैलास जाकर भी लौट आए थे और तब तक एक-आध बार हुई हल्की फुहारों को छोड़कर धूप और बारिश दोनों ने

हमारा पूरा साथ दिया था।

क़रीब 5000 मीटर की ऊँचाई पर बसे आदि कैलास से लौट आने के बाद कल जब हम कुटी पहुँचे तो रात भर बादल बरसते रहे थे। सुबह-सुबह जब बाहर आकर देखा तो गाँव एकदम बदल गया था। पत्थर का आँगन गीला हो गया था और उनके बीच जमी मिट्टी कीचड़ में बदल गई थी। आस-पास जो भी था एकदम धुँधला, गीला और उदास-सा नज़र आ रहा था। बादलों के ग़ुबार ने हरे पहाड़ों से उनका रंग छीन लिया था। ऐसे जैसे किसी बच्चे की नई-नई पहली बार पहनी हरी कमीज़ का पहली ही बार बारिश में भीगने से पूरा रंग उतर गया हो। जैसे कभी-कभी फीकी चाय अच्छी लगती है ठीक वैसे ही इस ऊँचाई पर यह फीकापन भी अच्छा ही लग रहा था।

बाहर बारिश लगातार, एकदम लगातार हो रही थी। कल बातों-बातों में रोहित ने बताया था कि इन उच्च हिमालयी इलाक़ों में लगातार बारिश का होना अच्छे संकेत नहीं देता। इस लिहाज़ से अब तक हम बहुत ख़ुशनसीब रहे थे कि पूरे सफ़र में कहीं भी लगातार ख़ास बारिश नहीं हुई थी। बारिश न होने के कई फ़ायदे थे। अव्वल तो यह कि हमें फ़ोटोग्राफी के लिए एकदम खुला मौसम मिला था। दूसरा मौसम हमेशा गुनगुना रहने से ठंढ भी क़ाबू में रही थी। तीसरा यह कि रास्तों में गिरने-फिसलने से होने वाले नुक़सान का ख़तरा नहीं रह गया था। चौथा यह कि हमारे पास रेन कोट नहीं था और इतनी बारिश कभी नहीं हुई कि छाता से काम न चल पाए। क्योंकि ज़रा भी तेज़ बारिश हो तो यहाँ साथ में हवा भी इतनी तेज़ चलती है कि आप ख़ुद को भीगने से नहीं बचा सकते। पाँचवा यह कि जिन पहाड़ों पर बने रास्तों पर हम चल रहे थे उनके ठीक ऊपर कई ग्लेशियर थे। बारिश में ये ग्लेशियर पिघलने लगते हैं जिनसे पहाड़ियों से आने वाली छोटी-छोटी नदियों में पानी बढ़ने लगता है और कई बार वो अचानक बेक़ाबू हो जाती हैं। ख़ैर इसमें से कुछ भी हमारे साथ नहीं हुआ था। हम भाग्यशाली थे। बस अगले तीन दिनों में एक सुरक्षित सफ़र पूरा कर लेने वाले थे।

रोहित इससे पहले भी उच्च हिमालयी इलाक़ों में ट्रैकिंग कर चुका था। पर मेरे लिए इतने दिनों तक इतने ऊँचे इलाक़े में ट्रैकिंग का यह पहला अनुभव था। और मुझे ख़ुदपर गर्व हो रहा था कि पहला अनुभव होने के

बावूजूद मैंने कितनी आसानी से अब तक का सफ़र तय कर लिया है। हम रोज़ क़रीब सोलह किलोमीटर के औसत से यात्रा कर रहे थे। यह आँकड़ा सुनने में जितना आसान लगता हो पर पहाड़ों पर चलते हुए उतना आसान नहीं होता। वो भी तब जब दिल्ली जैसे शहर में रहते हुए चलना आदत में दूर-दूर तक शामिल नहीं रह गया हो।

आज फिर से क़रीब 19 किलोमीटर चलने के बाद हमें गुंजी पहुँचना था और वहाँ से अगले दो दिन और ट्रैक करने के बाद वापस धारचूला। माने यह कि अबतक का सफ़र एकदम ख़ुशनुमा रहा था। और अब सफ़र क़रीब-क़रीब आख़िरी पड़ाव पर ही था।

तो अगले एक घंटे में हमें वापस लौटना था और उससे पहले नित्यकर्म करना था। कुटी गाँव में लोगों के घरों में शौचालय नहीं होते। लोग खुले में शौच न करें इसलिये गाँव के परिसर के एक छोर पर पूरे गाँव के लिए शौचालय बनाए गए हैं जहाँ महिला और पुरुषों के शौच जाने के स्थान तय हैं। हम दोनों वहीं जाकर हल्के हुए और लौटे तो ब्रश करने और हाथ-मुँह धोने के बाद चाय हमारा इंतज़ार कर रही थी।

आदि कैलास जा रहे गुजरात से आए एक यात्री इस घर के आँगन में बनी गुमटी पर बैठे चाय पी रहे थे। उन्होंने बताया कि सुबह-सुबह आईटीबीपी वालों ने उन्हें ऊपर की तरफ़ बढ़ने से रोक दिया है। उनसे कहा गया है कि रात भर की बारिश के बाद ऊपर जाना सुरक्षित नहीं है। हालाँकि रास्ते में मिले आदि-कैलास और कैलास मानसरोवर के यात्रियों से अब तक हुई बातचीत में यही बात सामने आई थी कि वो भोले के भरोसे उम्र को मात देकर उतने ऊँचे पहाड़ों पर यात्रा करने यहाँ चले आए हैं। अब भोले ही उन्हें कैलास के दर्शन कराएँगे और वही उन्हें वापस सुरक्षित लौटा ले जाएँगे। उनकी मर्ज़ी के बिना पत्ता भी नहीं हिलता। अब बाक़ी सब भोले की मर्ज़ी पर था। हमारे देश के लोग जितने भोले होते हैं उनकी आस्थाएँ उतनी ही मज़बूत होती चली जाती हैं। जो आस्थाएँ आपको यात्री बना देती हैं ऐसी आस्थाओं को इतनी देर के लिए सम्मान की नज़र से देखा ही जा सकता है।

कुछ देर में नाश्ता करते हुए एक स्थानीय अधेड़ व्यक्ति से हमने पूछा

कि आगे का रास्ता कितना सुरक्षित है ? उस व्यक्ति ने बताया कि नीचे कुछ स्लाइडिंग ज़ोन ज़रूर हैं, पर रास्ते और पहाड़ों पर नज़र बनाए रखकर आगे बढ़ा जा सकता है। जल्दबाज़ी करने की कोई ज़रूरत नहीं है। आते हुए इस रास्ते में कुछ चढ़ाई ज़रूर थी पर जाते हुए कुछ दूरी तक हमें ढलान ही मिलनी थी और उसके बाद लगभग आधा रास्ता सीधा ही था। तो जाते हुए यह सफ़र उतना मुश्किल नहीं होगा, हमें यही उम्मीद थी।

नाश्ता कर लेने के बाद मेरी नज़र उसी गुमटी के बग़ल में बनी किराने की दुकान पर पड़ी। दुकान में बिस्किट और टॉफ़ियाँ थीं। हमारे पास खाने का यह छुटपुट सामान अब तक ख़त्म हो चुका था तो हमने सोचा कि अभी निकलते हुए यहाँ से कुछ रख लेंगे। पहले अंदर से अपने बैग समेटकर ले आएँ। हम अंदर गए। अपने-अपने ट्रैकिंग बैग समेटे। कंधे पर कैमरा बैग लटकाए। घर के मालिक को पैसे दिए। छाता ओढ़कर हम अपने रात के ठिकाने से निकल आए। वापस आते हुए खाने का सामान रखना हम भूल ही गए। ख़ैर, क़रीब 6 किलोमीटर चलकर हमें एक ढाबा मिलना ही था। हमने तय किया कि वहाँ खाना खाकर हम आगे बढ़ जाएँगे।

गाँव के परिसर से बाहर निकलकर एक बार फिर मुड़कर उस गाँव को देखा। कल किसी ग्रामीण ने ही बताया था कि गाँव में कई घर दो सौ साल पुराने भी हैं। उनमें से एक घर की दीवार सीमेंट या मिट्‌टी की जगह दाल से बने लेप से चिनी गई थी। घर के दरवाज़ों और खिड़कियों पर जो नक़्क़शी थी वो भी देखने लायक़ थी। गाँव के ऊपर जो पहाड़ थे उन्हें गाँव वालों ने यरपा गल और नंगपा गल नाम दिया था। यरपा और नंगपा गाँव के ही दो राठों के नाम हैं। और गल का मतलब है ग्लेशियर। छाता ओढ़े हुए बुग्याल पर पहुँचकर एक बार फिर मुड़कर उस गाँव को देखा। मेरी राय अभी भी नहीं बदली थी। इससे ख़ूबसूरत गाँव मैंने इससे पहले कभी नहीं देखा था। ख़ैर, बुग्याल पार करने के ठीक बाद एक तीखी ढलान थी जो एक पहाड़ी नदी पर बने पुल की तरफ़ ले जाती है। जैसे-जैसे हम पुल की तरफ़ बढ़ रहे थे वैसे-वैसे इस नदी की आवाज़ तेज़ और तेज़ होती जा रही थी। नदी में पानी इतना बढ़ गया था कि वो पुल को छूने को बेक़रार था।

पुल पर पहुँचने के बाद जैसे ही सामने खड़े पहाड़ को देखा तो पहली बार एक सिहरन-सी शरीर में दौड़ी। सामने जो पहाड़ था उस पर पत्थर रिसते हुए दिखाई दे रहे थे। वो पहाड़ दरअसल एक कीचड़ के टीले में तब्दील हो गया सा लग रहा था। और इसी पहाड़ के किनारे उस सँकरे रास्ते पर अभी हमें कई किलोमीटर चलना था। सफ़र के ख़ुशनुमा होने के जो भी ख़याल अब तक दिमाग़ में थे वो इस एक नज़ारे को देखने के बाद छूमंतर हो चुके थे। और पहली बार लगने लगा था कि यह सफ़र अब आगे इतना आसान नहीं रहने वाला।

जैसे-जैसे हम आगे बढ़ रहे थे हमारे बग़ल में खड़ा वो पहाड़ और ख़तरनाक दिखने लगा था।

"उमेश सावधानी से चलना। एक-एक क़दम सँभाल कर रखना।"

रोहित ने यह कहा तो मेरा डर कुछ और बढ़ गया। हालाँकि मैंने यह डर ज़ाहिर नहीं होने दिया। रास्ते पर बीच-बीच में कुछ देर पहले गिरे छोटे बड़े पत्थर बिखरे हुए थे। और कई जगह मिट्टी के छोटे-छोटे टीले भी ऊपर से खिसककर आए थे। पर रास्ता बंद नहीं था। हमें निःसंदेह सँभलकर चलना था क्योंकि एक ओर कीचड़ में बदल चुके पहाड़ थे तो दूसरी तरफ़ पूरे उफान में बहती कुटी नदी। अगर आप फिसले तो सीधे नदी के हवाले। बिना कोई ग़लती किए आगे बढ़ना था। क्योंकि इस वीरान में दरकते पहाड़ों के बीच दूर-दूर तक कोई तीसरा हमारी मदद करने के लिए नहीं था।

मैं कुछ तेज़ी से आगे बढ़ रहा था। मेरे भीतर के डर ने मेरी रफ़्तार को सामान्य से कुछ ज़्यादा तेज़ कर दिया था। इस बीच आस-पास से आई ख़बरें अब याद आ रही थीं। हमारे यहाँ रहते-रहते फिसलने या पत्थर गिरने से अब तक चार मौतें हो चुकी थीं। दो नेपाली मज़दूर जो 'यारसा गुम्बा' (एक पहाड़ी बूटी जो सेक्स पावर बढ़ाने के काम आती है और बहुत महँगी बिकती है) लेने गए थे, ग्लेशियर में फिसलने से मरे थे, एक डॉक्टर पहाड़ से पत्थर गिरने से जान गँवा चुका था। एक कैलास मानसरोवर यात्री ऑक्सीजन की कमी से दम घुटने की वजह से अपनी जान गँवा चुकी थी। ख़ैर, इन ख़बरों ने हमारा हौसला कम नहीं किया था। यहाँ इन पहाड़ों में

हौसला ही हमारा सबसे बड़ा हथियार था। हम प्रकृति से जितना भी जूझ सकते हैं उसमें हौसला सबसे बड़ी भूमिका निभाता है।

मैं यह सब सोच ही रहा था कि पीछे से आता हुआ रोहित एकदम चीखा, "उमेश रुक जाओ!"

मैं पीछे देखता उससे पहले ही उसने चीखते हुए कहा, "ऊपर देख के चलो!"

मैने अपनी बाईं तरफ़ उस रिसते पहाड़ को देखा। मिट्टी के छोटे-छोटे ढेले लुढ़कते हुए नीचे आ रहे थे। मैं भागकर आगे जाने की सोच ही रहा था कि रोहित फिर चीखा, "पीछे भागो!"

मैं भागकर पीछे आया और पीछे आकर वापस मुड़ा तो देखा कि पहले कुछ छोटे-छोटे पत्थर और फिर कई बड़े पत्थर उस अनंत ऊँचे पहाड़ से तेज़ रफ़्तार से लुढ़कते हुए आए। कुछ सीधे नदी की तरफ़ चले गए और कुछ वहीं हमारे रास्ते पर टिक गए।

इनमें से कोई भी पत्थर अगर हमें लगता तो तय था कोई बड़ी अनहोनी हमारे साथ हो ही जाती। पर थोड़ी-सी सावधानी ने प्रकृति के इस पहले हमले से हमें बचा लिया था।

पर इस घटना के बाद जो डर और बढ़ जाना चाहिए था, न जाने क्यों वो कुछ कम हो गया। शायद इसलिए कि अपनी ज़िंदगी में भूस्खलन का यह पहला साक्षात अनुभव मुझे बस अभी-अभी मिल चुका था। इससे पहले मैंने अपनी आँखों के सामने भूस्खलन होता कभी नहीं देखा था। और पहली बार जब देखा तो मैं उसकी चपेट में आने से बाल-बाल बच गया था।

क्योंकि बारिश रुक नहीं रही थी तो साफ़ था कि हालात आगे और ख़राब होंगे। कितने ख़राब इसकी हम कोई कल्पना नहीं कर सकते थे। प्रकृति जब विकरालता दिखाने पर आती है तो उसकी विकरालता का कोई भी आकलन मानव कल्पना से बहुत परे की चीज़ होता है। पीछे जाना भी कोई समझदारी नहीं थी। इसलिए यह ख़याल हम दोनों में से किसी के दिमाग़ में नहीं आया। आगे लगभग चार किलोमीटर का रास्ता ख़तरनाक था, लेकिन वो पार कर लेने के बाद आगे का सफ़र उतना मुश्किल नहीं था।

रास्ते में रोहित और मैं यही चर्चा करते हुए जा रहे थे कि उच्च हिमालयी इलाक़ों के ये पहाड़ इसलिए और ख़तरनाक हो जाते हैं क्योंकि ये अभी अपनी रचना प्रक्रिया में हैं। निचले पहाड़ी इलाक़ों की तरह ये पहाड़ अभी मज़बूत नहीं हुए हैं। इसलिए लगातार बारिश होने से कई बार पूरे-के-पूरे पहाड़ भी दरककर गिर जाते हैं। 1998 में हुए मालपा के भूस्खलन में यही हुआ था। रातभर बारिश हुई थी। कैलास मानसरोवर जाने वाले थके यात्री कुमाऊँ मंडल विकास निगम के गेस्टहाउस में चैन से सो रहे थे और एक पूरा पहाड़ गेस्टहाउस पर गिर गया था। क़रीब 300 लोग इस हादसे में मारे गए थे। उत्तराखंड के इन्हीं पहाड़ों में प्रकृति द्वारा की जाने वाली इन सामूहिक हत्याओं की बानगी अभी दो साल पहले ही पूरे देश ने देखी थी।

ऐसी कई घटनाएँ थीं जो हमें डराने के लिये काफ़ी थीं। पर इस वक़्त उन्हें याद करने से कुछ भी हासिल नहीं होना था। हमें पूरा सँभलकर आगे बढ़ना था। रास्ते में कई जगह हमें मलबे के ऊपर से भी जाना था। पत्थरों को लाँघते हुए, कीचड़ में धँसते पैरों को सँभालते हुए और इस पूरी प्रक्रिया में लगातार भीगते हुए हम आगे बढ़ रहे थे। और अगल-बग़ल से भोजपत्र के जंगल इस वीराने में दो लोगों को रास्तों से जूझते हुए आगे बढ़ते देख न जाने क्या सोच रहे थे।

कमाल की बात थी कि यह इलाक़ा इस वक़्त जितना ख़तरनाक हो गया था उतना ही ख़ूबसूरत भी लग रहा था। सफ़ेद बादलों से घिरे हरे पहाड़ भी थे। उन पहाड़ों पर बर्फ़ की कई कतरनें भी थीं। नीचे एक नदी थी जो लगातार बहती जाती थी। नदी की आवाज़ उसके भीतर टकराते पत्थरों की वजह से कई गुना बढ़ ज़रूर गई थी। पर वो शोर नहीं लग रही थी। उसके शोर में भी एक सुर था। अगर पहाड़ों के दरकने का ख़तरा नहीं होता तो बारिश में भीगती वादी में भीगता यह वक़्त ज़िंदगी के सबसे ख़ूबसूरत लम्हों में शुमार होता। पर इस वक़्त यहाँ ज़िंदगी बिखरी भी हुई थी और उसी पर लगातार ख़तरा भी बना हुआ था।

क़रीब दो घंटे में हम नैल नाम की जगह पर बने उस ढाबे पर थे जहाँ हमने खाना खाना तय किया था। वहाँ स्थानीय लोग टैंट में बैठे ताश खेल

रहे थे। बग़ल में एक भेड़ लेटी हुई भीग रही थी। और दाईं तरफ़ एक दूसरे टैंट में एक महिला चूल्हे पर कुछ चढ़ा रही थी। लगातार हमें डराने की कोशिश कर रहे इन पहाड़ों की जनशून्यता के बाद कुछ लोगों को देखकर एक राहत मिली। जब आप किसी ख़तरे में अकेले पड़ गए होते हैं तो इंसानी बू कितनी राहत देती है, यह ऐसे मौक़ों पर पता चलता है। टैंट में बैठने की जगह नहीं थी और हमें अभी उतनी भूख भी नहीं लगी थी तो हमने तय किया कि हम चाय पीकर निकल जाएँगे। महिला ने हमें बताया कि कुछ बीस मिनट पहले दो लोग यहाँ से निकले हैं और गुंजी जा रहे हैं। उनमें से एक केएमवीएन से ही हैं। केएमवीएन के इस कर्मचारी से हमारी कल ही कुटी में दुबारा मुलाकात हुई थी। वो आदि कैलास की तरफ़ जा रहे थे। लेकिन शायद बारिश की वजह से उन्हें लौटना पड़ा था।

ख़ैर, अगर हम उन तक पहुँच जाते तो हम दो से भले चार हो सकते थे। और अब समझ आ रहा था कि ऐसी यात्राओं में और ख़ासकर ऐसे मौसम में ज़्यादा लोग हों तो अच्छा ही रहता है।

महिला हमें चाय के पैसे देने से मना करती रही क्योंकि जाते हुए हमने उनके ही यहाँ खाना खाया था। लेकिन उन्हें ज़बरदस्ती चाय के पैसे पकड़ाकर हम आगे बढ़ गए।

क़रीब दो किलोमीटर आगे बढ़ने के बाद हमें सामने से तीन लोग आते दिखाई दिए। इनमें से दो पति-पत्नी थे और एक पॉर्टर। उन्होंने बताया कि आगे कुछ जगहों पर पत्थर गिरे हैं, ध्यान से जाना होगा। पर जाया जा सकता है। हमने भी उन्हें पीछे ख़तरनाक हो चुके रास्ते के लिए आगाह किया और एक-दूसरे को शुभकामनाएँ देकर आगे बढ़ गए। ऐसी यात्राओं में मिले अजनबी भी बड़े क़रीबी से जान पड़ते हैं। शायद एक अनकहा रिश्ता हमारे बीच में ख़ुद ही बन जाता है। यात्री होने का रिश्ता।

अब हम जिस जगह पहुँचे थे वहाँ कच्ची सड़क बनी थी। हमें सड़क-सड़क क़रीब नौ किलोमीटर और चलना था। अभी बारह बजने को था। और जिस रफ़्तार से हम चल रहे थे हमें अगले दो से तीन घंटे में अपने आज के ठिकाने पर पहुँच जाना था।

अभी हम क़रीब एक-डेढ़ किलोमीटर और चले होंगे तो हमें सामने जो दिखाई दिया उसने हमें एक बार दहला दिया। सामने नदी के किनारे जो सड़क जा रही थी, नदी उसे क़रीब-क़रीब पूरा काट चुकी थी। और जो बची रह गई जगह थी उससे जाना कई गुना ज़्यादा ख़तरनाक था। हमें विकल्प की तलाश करनी थी कि तभी नदी की विपरीत दिशा में हमें एक बड़ा जंगल दिखाई दिया जो एकदम मैदानी से इलाक़े पर बसा हुआ था। उस ओर जाती हुई एक पगडंडी भी थी। यह पगडंडी उन चरवाहों का रास्ता रही होगी जो किसी भी तरह के मौसम में यहाँ अपनी भेड़ों, खच्चरों को चराने लाते हैं। क्योंकि यही उनकी आजीविका का ज़रिया है।

रास्ते में मिले चरवाहों ने हमें बताया था कि उनके अपने-अपने इलाक़े तय होते हैं। एक-एक चरवाहा हज़ारों की संख्या में भेड़ों-बकरियों को चराने लाता है। ज़्यादातर इन जानवरों का मालिक कोई और होता है और इन चरवाहों को नौकरी पर रखा जाता है। ये चरवाहे तीन से चार महीना इन्हीं जंगलों में जानवरों के साथ बिताते हैं। और इस दौरान उनकी तीन से चार लाख रुपये की कमाई हो जाती है। पार्वती सरोवर के पास मिले तस्वीर नाम के उस चरवाहे ने बताया था कि वो हिमाचल के किसी आदमी की भेड़-बकरियाँ चराने यहाँ लाया है। ऐसे लोगों को वहाँ गद्दी कहा जाता है। ऐसे इलाक़ों में जहाँ ख़ुद को सँभालना भी हमें बड़ी बात लग रही थी ये चरवाहे हज़ारों की संख्या में जानवरों को सँभालते हैं। कितनी बड़ी बात है यह।

कुछ आगे चलकर हमें एक टैंट भी नज़र आया। यह ऐसे ही किसी चरवाहे का टैंट था। सैकड़ों भेड़ें उस टैंट के बग़ल में खुले से मैदान में भीग रही थीं। ये भीगती हुई भेड़ें ऐसी लग रही थीं जैसे कई बुत खड़े कर दिए गए हों। एकदम सिहरी हुई और ख़ामोश।

हम आगे बढ़े और उस टूटी हुई सड़क से जाने के बजाय पगडंडी की तरफ़। रास्ते में आई झाड़ियों को हटाते हुए हमें रास्ते तलाशने थे। इस झाड़ियों पर जमा हुई पानी की बूँदों से हमारे पूरे कपड़े भीग गए थे। जिस पगडंडी पर हम चल रहे थे उसमें फिसलन भी बहुत थी। नदी यहाँ एक वलय बना रही थी। हमें उसी वलय के मोड़ को जंगल से पार करके फिर से सड़क पर लौटना था। क़रीब सवा किलोमीटर जंगल-जंगल चलकर हम

एक बार फिर सड़क पर आ तो गए पर वहाँ आकर हमने जो देखा उसने एक बार फिर हमारे रोंगटे खड़े कर दिए।

उस सड़क पर हम कुछ आगे ही बढ़े थे कि हमने देखा पहाड़ी के बीच से एक छोटी नदी आ रही थी जो नीचे कुटी नदी में मिल रही थी। इस नदी पर पेड़ के दो तनों से बना एक पुल था। वो पुल जिस पत्थर पर टिका था नदी लगातार उसपर मार कर रही थी। जैसे ही हम कुछ आगे बढ़े पानी इतना तेज़ हो गया कि उस पत्थर को जिसपर पुल टिका था हार माननी पड़ी और वो बहकर नदी में समा गया। हमारी आँखों के सामने नदी पार कराने वाला वो पुल बह रहा था। और हम लाचार खड़े देखने के सिवाय और कुछ नहीं कर सकते थे।

लेकिन हाथ पर हाथ धरे बैठना भी कोई विकल्प कहाँ था! क़रीब दो बज चुका था और अगले चार घंटे में अँधेरा हो जाना था। हमें कुछ भी करके यह पुल पार करना था।

"उमेश हमें इन लकड़ियों को बहने से रोकना होगा।"

रोहित ने यह कहा तो लगा वो मज़ाक़ कर रहा है। ये कोई हल्की-फुल्की लकड़ियाँ नहीं थीं, बल्कि भारी-भरकम पेड़ के तने थे। तभी नदी के इस प्रवाह में अब तक टिके हुए थे। इन्हें हिलाना भी इतना आसान नहीं था, यह देखकर पता चल रहा था। बचाना तो ख़ैर दूर की बात थी।

"भाई हम कर पाएँगे?"

ऐसे मौक़ों पर कोई ज़रा भी उम्मीद हो तो उसे सीधे नकारा नहीं जा सकता, इसलिए मैंने मना करने के बजाय शक़ ज़ाहिर किया।

"ट्राई करते हैं।"

रोहित ने कहा और मैं राजी हो गया।

हमने अपने बैग उतारे और किनारे पर पत्थरों पर रख दिए। दोनों छातों से हमने उन बैगों को ढक दिया। छातों के हत्थे पर कुछ भारी पत्थर रख दिए ताकि वो उड़ने न पाएँ।

बिना छाते की ढाल लिए सीधे भीगते हुए हम दोनों उन लकड़ियों की तरफ़ बढ़ गए जिनपर नदी की लहरें अब भी लगातार मार कर रही थीं।

करीब पंद्रह मिनट के बाद हम दोनों उन लकड़ियों को नदी के बहाव के किनारे लाने में कामयाब हो गए। अब हमें इन लकड़ियों को दूसरे छोर के किसी पत्थर पर टिकाकर पुल बनाना था।

इस छोर पर हमने एक बड़ा पत्थर चुना जिसपर लकड़ी को सरका हमें उसे दूसरे सिरे पर मौजूद पत्थर की तरफ़ धकेलना था। मिट्टी और पत्थरों को हाथ से हटाकर हमने लकड़ी को सरकाने के लिए जगह भी बना ली। इस बीच लगातार नदी का पानी बढ़ रहा था और हमने देखा कि वो पानी तेज़ी से अपना रास्ता बदलकर उसी ओर आ रहा था जहाँ वो पत्थर था जिसपर हम लकड़ी को टिकाकर दूसरे छोर की तरफ़ धकेलने की सोच रहे थे। यही कोई तीन-चार मिनट में नदी का इरादा साफ़ हो गया। पानी इतना बढ़ गया कि वो पत्थर अब नदी की ज़द में आ गया। और अगले दो मिनट में नदी उसे बहाकर ले जा चुकी थी।

हम भागकर पीछे लौटे और अपने बैग के बग़ल में खड़े होकर लगातार भीगते हुए कुछ देर नदी को लगातार विकराल होता हुआ देखते रहे। पत्थर, झाड़ी जो कुछ भी नदी की राह में आता वो बड़ी क्रूरता से उसे उजाड़ते हुए आगे बढ़ती जा रही थी। हम समझ चुके थे कि इस नदी के साथ किसी भी तरह का खिलवाड़ करने पर हमारी जान पर बन सकती है। यह हताशा का पहला क्षण था। जीवन में प्रकृति के सामने इतना हारा हुआ मैं पहली बार महसूस कर रहा था। पहली बार महसूस हो रहा था कि कई बार हम चाहकर भी कुछ नहीं कर सकते।

"दोस्त, हमें कूदकर किसी भी तरह यह नदी पार करनी होगी। वरना..."

रोहित ने कहा लेकिन वरना क्या होगा यह हम दोनों में से किसी को भी नहीं पता था। नदी के दूसरी तरफ़ हमारी आँखों के सामने पहाड़ दरक रहे थे। इन विशाल ऊँचे पहाड़ों के बीच हम दो अदने से मनुष्य यही सोच रहे थे कि अब यह नदी कैसे पार होगी?

चलो इस नदी के स्रोत की तरफ़ चलते हैं। हो सकता है किसी जगह पर यह सँकरी हो और हमें फाँदकर पार करने का मौका मिल जाए।

हमारे दिमाग़ में आया यही ख़याल हमें सबसे मुफ़ीद जान पड़ा। हमने अपने बैग उठाए और नदी के किनारे-किनारे उस पहाड़ी पर चढ़ने लगे जहाँ से वो नदी आती हुई दिखाई दे रही थी।

कुछ देर में हम नदी के किनारे एक पहाड़ी पर खड़े थे। और अंदाज़ा लगा रहे थे कि कहाँ से कहाँ कूदकर हम यह नदी पार कर सकते हैं। जितनी देर में हम यह तय करते कि यहाँ से यहाँ कूदेंगे और फिर यहाँ से यहाँ। उतनी देर में नदी उस यहाँ का अस्तित्व मिटा देती। ऐसा लग रहा था कि वो हमारे मनुष्य होने का मज़ाक़ उड़ा रही हो और कह रही हो मैं अपनी पर आ गई तो तुम्हारी कोई औक़ात नहीं है।

हमारे पास कोई विकल्प नहीं था सिवाय कोई भी संभव विकल्प तलाशने के जो हमें उस नदी को पार करा सके। हम नदी के किनारे-किनारे देवदार के उस घने जंगल में अपने लिए रास्ता बनाते हुए, झाड़ियों और पेड़ों के झुरमुटों को किनारे करते हुए, गीली मिट्टी पर ख़ुद को फिसलने से बचाते हुए और कई जगहों पर कीचड़ में धँसते हुए लगातार ऊपर चढ़ रहे थे।

जंगल में चलते हुए हमें लगातार गर्जना करती हुई नदी की आवाज़ सुनाई देती। जैसे-जैसे हम ऊपर चढ़ते जाते नदी की ढलान बढ़ने की वजह से यह आवाज़ और तेज़ होती जाती। ख़ैर, तभी पेड़ों से ढके उस घने जंगल के बीच हमें एक खुली जगह दिखाई दी। इस जगह पर बहुत सारे तख़्त रखे हुए थे। इस जगह को देखकर साफ़ था कि यहाँ लकड़ियों के चिरान का काम हुआ था। एक कोने पर पेड़ के किनारे एक बल्ली गाड़ी गई थी जिसके ऊपर एक दूसरी बल्ली लंबवत टिकाई गई थी।

हमने तय किया कि यहाँ हम अपना सामान रखेंगे और फिर नदी की तरफ़ बढ़ेंगे उसे पार करने का कोई तरीक़ा तलाशने के लिए। हमारे पास जो सामान था उसका भार हमें और थका रहा था। भीगने की वजह से उस सामान का भार और बढ़ गया था। अब तक क़रीब 4 बज चुका था। अगले दो घंटे में अगर नदी पार करने का इंतज़ाम न हुआ तो रात हमें जंगल में ही कहीं बितानी थी और यह जगह इसके लिए सबसे उपयुक्त थी। उस जगह का मुआयना करते हुए रोहित को एक कुदाल, लकड़ियाँ जलाने के

लिये तेल, थोड़ा-सा नमक और एक खुरपी की मूठ भी मिल गई थी। यहाँ किसी के रहने के निशान थे और बहुत संभव था कि आज की रात हमें यहीं बितानी पड़े पर उसके लिए हमें बहुत तैयारियाँ करनी होंगी और समय अब हमारे पास कम था क्योंकि अँधेरा होने के बाद बहुत कुछ करना मुश्किल था। और उजाले के क़रीब दो ही घंटे हमारे पास रह गए थे।

हमने सामान को ढकने भर की कुछ जगह बनाई और वापस नदी की तरफ़ बढ़ गए। तभी एक झुरमुट के बीच से हमें एक संरचना दिखाई दी। झुरमुट हटाया तो जो देखा उसने हमें ख़ुशी से भर दिया। यह एक पुल था। एक ठीक-ठाक बना हुआ पुल।

अचानक हमारे शरीर में जैसे दो गुना ऊर्जा आ गई। हम लगभग उतावले से उस पुल की तरफ़ बढ़ गए। तय यह किया कि एक बार पुल को देख आते हैं और फिर अपना सामान लेकर नदी पार कर लेंगे। लगा कि नीचे से ऊपर की तरफ़ क़रीब तीन किलोमीटर चढ़कर आने का यह फ़ैसला सफल हो गया।

अगले दस मिनट में हम उस पुल के किनारे खड़े थे। एकदम निराश। हमारा सारा उत्साह बहाती हुई वो नदी लगातार और विकराल होती जा रही थी।

हमारे सामने जो नज़ारा था वो हमारे हक़ में क़तई नहीं था। एकदम जर्जर से उस पुल के नीचे बड़े-बड़े पत्थरों का रेला लगा था। सारा पानी पुल के ऊपर से बहकर जा रहा था। पुल तक पहुँचने का रास्ता नदी पूरी तरह बहा चुकी थी। और पुल के दूसरी तरफ़ भी यही हाल था।

मतलब पुल तो था पर वो किसी काम का नहीं था। जैसे किसी भूखे को किसी ने रोटी पकड़ा दी हो पर प्लास्टिक की।

अब क्या? रोहित और मैं एक-दूसरे की शक्लें ताक रहे थे। दोनों में से किसी को नहीं पता था कि अब क्या करना है? वो बेकाम का पुल हमें मुँह चिढ़ा रहा था।

कुछ देर नदी किनारे इधर-उधर देखने के बाद हम कुछ और ऊपर की तरफ़ बढ़ गए। जैसे-जैसे हम ऊपर बढ़ते हमें समझ आता रहता कि हम

अपने शरीर को बेकार ही थका रहे हैं। हम भीग रहे थे, ठंढ लगातार बढ़ रही थी और सुबह आठ बजे नाश्ता करने के बाद हमने कुछ नहीं खाया था। उसपर हमारे पास खाने के लिये कुछ भी नहीं बचा था।

सुबह बिस्किट न रखकर हमने कितनी बड़ी ग़लती कर दी है, यह अब हमें समझ आ रहा था।

"लाइटर है तुम्हारे पास?" रोहित ने पूछा।

"हाँ है तो... क्यों?" मैंने कहा।

आज हमें यहीं-कहीं रुकना होगा। और हमारे पास समय बहुत कम है। रात को जंगल में रुकेंगे। आग जल जाएगी तो रात कट जाएगी। हमें शेल्टर बनानी होगी।

जैसे-जैसे यह समय आगे बढ़ रहा था यह सफ़र लगातार रोमांचक होता जा रहा था। पर चुनौती यह थी कि इसे जानलेवा होने से बचाना था। न हमारे पास ऐसा कोई पूर्वानुभव था ना ही कोई संसाधन। पर हमें कुछ भी करके यह रात काटनी थी। वो भी बिना खाए-पिए, ठंढ से जूझते हुए, इसी जंगल में।

हम यह सोच ही रहे थे कि हमें दूर सड़क के पास कोई आदमी दिखाई दिया। नदी के दूसरे छोर पर।

दोनों के अलावा एक और इंसान को यहाँ देखकर जैसे एक बार फिर हमारी ऊर्जा बढ़ी। हम चिल्लाए। पर यहाँ से आवाज़ दूसरे छोर पर पहुँचना असंभव था। हम नीचे की तरफ़ बढ़ने लगे। वो आदमी भी शायद पार आने की संभावनाएँ ही उस नदी में खोज रहा था।

हेल्प-हेल्प। हम चिल्ला रहे थे। और उस आदमी का न सुनना जारी था।

कुछ नीचे आ जाने के बाद उस आदमी की नज़र हम पर पड़ी। और हम उसे बताने की कोशिश करने लगे कि हम बुरी तरह फँस गए हैं।

न हमारे पास टैंट था, न स्लीपिंग बैग, न रेन कोट और न ही खाना और हम एक जंगल के बीचों बीच थे जिसके आसपास भूस्खलन हो रहा था और बारिश रुकने को नाम नहीं ले रही थी। इससे बुरी तरह हम और

क्या फँस सकते थे!

किसी तरह वो आदमी जब नदी के उस पार से ऊपर की तरफ़ बढ़ा और हम नदी के इस पार से नीचे की तरफ़ बढ़े तो उसने बताया कि वो भी उस ओर फँसा है और पार करना असंभव है। हमारे कुछ मिन्नत करने पर वो पीछे मुड़ा और जंगल में कहीं गुम हो गया।

नदी के उस पार टिन शेड बने हुए थे। और एक उजड़ी हुई बस्ती भी दिखाई दे रही थी। अगले एक घंटे में अँधेरा हो ही जाना था। अगर यह आदमी किसी तरह हमें पार करा दे तो हमें कम-से-कम रहने के लिए एक छत मिल जाएगी। और छत है तो शायद खाने का भी कोई इंतज़ाम हो ही जाए।

पर कुछ देर हो गई और वो आदमी नहीं लौटा। हम उम्मीद छोड़ ही रहे थे कि वो आदमी नदी की तरफ़ आता हुआ दिखाई दिया। उसके दोनों हाथों में दो बल्लियाँ थी और वो उस पुल की तरफ़ आ रहा था जो जर्जर था। पर कम-से-कम टिका हुआ था। हम भी भागकर उस पुल के इस पार पहुँचे। उस आदमी ने कुछ देर उन बल्लियों को टिकाकर पुल तक पहुँचाने की कोशिश की, लेकिन पानी के उस तेज़ बहाव में वो बल्लियाँ कहाँ टिकतीं! कुछ देर कोशिश करने के बाद आख़िरकार उसने हार मान ली।

इस ओर निराशा से भरे हम लोगों ने उसको लगभग टूटते हुए बताया कि किसी को नहीं पता कि हम यहाँ फँसे हुए हैं। आप आईटीबीपी या केएमवीएन वालों को यह सूचना पहुँचा देना कि नदी पार जंगल में दो लोग फँसे हुए हैं। अगर कोई मदद के लिए आए तो जंगल के बीच चिरान वाली जगह पर आ जाए।

वो आदमी अपनी विवशता ज़ाहिर करके लौट गया। और हमारी एक और उम्मीद पानी की लहरों में पटकनी खाती हुई अपनी मौत मर गई।

पर यही वो क्षण था जब हमें सबसे ज़्यादा हिम्मत दिखानी थी। टीवी पर मैन वर्सेज़ वाइल्ड जैसे शो में कैमरे के सामने एक आदमी को जंगल में रात बिताते हुए देखना रोमांचक लगता ही है, पर जब ऐसा आपके साथ असल में हो जाए और आप इसके लिए बिल्कुल तैयार न हों तो आप पर

कैसी बीतती है इसका एक रत्ती अंदाज़ा हमें नहीं था। यह रात हमारे लिए कितनी मुश्किल होने वाली है, यह हम दोनों के लिए कल्पना से परे था। हम दोनों में से किसी का भी यह ऐसा कोई पहला अनुभव था।

हम जंगल की तरफ़ लौट गए। वहाँ जहाँ हमारे बैग रखे हुए थे। जहाँ हमें आज रात ठहरने के लिए शेल्टर बनानी थी। यह काम बहुत मेहनत का काम था। हम लगातार थक रहे थे। हमारे शरीर लगातार ठंढे हो रहे थे।

हमारे पास क़रीब एक घंटा था और फिर हमें जो भी करना था वो अँधेरे में करना था। उस जगह पर जाकर हमने कुछ देर सोचा कि हम कैसे शेल्टर बनाने वाले हैं। और फिर बिना समय गँवाए हम काम पर लग गए। क़रीब 14 बल्लियों से हमने छत बनाई। क़रीब पाँच बल्लियाँ ज़मीन पर बिछाईं। पेड़ों की टहनियाँ तोड़-तोड़कर उससे छत को ढकने के लिए झाँप बनाई ताकि बल्लियों के बीच से पानी अंदर न टपके। क़रीब दो घंटे बीत चुके थे। हम दो लोग क़रीब बीस बल्लियों को लादकर एक शेल्टर बना चुके थे। और इस बीच हम दोनों के शरीर में एकदम जान नहीं रह गई थी। लगातार भीगने से हमारे शरीर ठंढ से अकड़ रहे थे। अब हमें तुरंत पूरी तरह भीग गए कपड़े उतारने थे और बैग से कुछ सूखे कपड़े निकालकर पहनने थे। और सबसे ज़रूरी आग जलानी थी।

आसपास सब कुछ भीगा हुआ था। मैं अपने बैग में लाइटर ढूँढ़ रहा था और लाइटर मुझे मिल नहीं रहा था। क़रीब पंद्रह मिनट ढूँढ़ने के बाद मुझे लाइटर मिला। लाइटर जलाने के लिए बनी रिंग को उँगली से घुमाया। लाइटर में चिंगारी तो दिखी पर लौ नहीं उठी। एक बार, दो बार क़रीब बीस-पच्चीस बार लाइटर जलाने की कोशिश की पर वो नहीं जलना था। नहीं जला। शायद हवा में ऑक्सीजन की कमी की वजह से या जो भी कारण हो लाइटर नहीं जला। और आग जलाने का कोई दूसरा ज़रिया हमारे पास नहीं था।

क़रीब आठ बज चुका था। हमारे चारों ओर ऊँचे पहाड़ों पर बर्फ़ गिरने लगी थी। नीचे बारिश एक मिनट के लिए भी नहीं थम रही थी। अँधेरा और गहरा रहा था। जिस शेल्टर में हम बैठे आग जलाने की विफल कोशिश कर रहे थे उसके तख़्तों के नीचे से पानी चू रहा था और ऊपर से लगातार पानी

टपक रहा था जो हमारे अपेक्षाकृत सूखे कपड़ों को लगातार भिगा रहा था। यह रात हमारी ज़िंदगी की सबसे मुश्किल रात होने वाली थी। यही इस वक़्त का कड़वा सच था।

"दोस्त हमने बहुत बड़ी ग़लती कर दी। हमें पीछे उस अणवाल के पास चले जाना चाहिए था। उसके पास कम-से-कम आग और टैंट तो थे।"

रोहित को इतना हताश मैंने पहले कभी नहीं देखा था।

पर वो अणवाल पीछे कितनी दूर था यह हमें याद नहीं था। और पीछे के हालात भी कौन-सा इतने ठीक थे!

"अब जो भी है रात तो यहीं काटनी है।" मैंने कहा। और लाइटर को जलाने की कोशिश करता रहा यह जानते हुए कि यह अब नहीं जलेगा।

क़रीब आधे घंटे बाद मैंने अपने बग़ल में लेटे रोहित के शरीर में ज़बरदस्त कँपकँपाहट महसूस की। यह कँपकँपाहट इतनी तेज़ थी कि उसके नीचे रखा हुआ तख़्ता हिल रहा था।

"भाई सुबह तक सर्वाइव करना है। ख़ुद को किसी भी तरह गर्म रखो।"

मैंने उसके शरीर में अपने हाथ रगड़ते हुए कहा।

कुछ देर सन्नाटा रहा। बाहर घुप्प अँधेरा था। ऊँचे पहाड़ों पर बर्फ़ गिरना जारी था और नीचे बारिश। पास में बहती नदी अपने साथ जो पत्थर बहाकर ला रही थी उनके आपस में टकराने की आवाज़ उस सन्नाटे में बहुत डरावनी लग रही थी। बीच-बीच में ऐसी आवाज़ें भी सुनाई दे रही थीं जैसे आस-पास कोई पहाड़ दरक रहा हो।

"भाई सुबह तक हमें हाइपोथर्मियाँ हो सकता है, एनीमिया हो सकता है, टायफाइड हो सकता है पर क्या कोई एक ही रात में ठंढ से मर भी सकता है?"

मैंने एकदम निराश होकर पूछा। मुझे जवाब में रोहित के नहीं कहने की उम्मीद नहीं थी।

"पता नहीं। मेरा भी पहला एक्सपीरिएंस है।"

उसके शरीर की कँपकँपाहट उसकी आवाज़ में भी महसूस की जा सकती थी।

रात के दस बजते-बजते मेरा वो काफ़ी मोटा जैकेट भी अंदर तक भीग चुका था। लोअर तो खैर अब तर हो चुका था। सामने के हिस्से से जिसे हमने छाते से ढकने की कोशिश की थी, एकदम बर्फ़ीली हवा आ रही थी। ऐसी हवा जैसे अब देह को चीर देगी। पर हमारे पास गर्मी का एक ही विकल्प था। अपने हाथों को शरीर में रगड़ने का। मैं लगातार अपने हाथों को रगड़कर ख़ुद को गर्म करने की कोशिश कर रहा था और रोहित लगातार काँपते हुए चुपचाप लेटा था। उसे देखकर मुझे डर लग रहा था कि क्या यह सुबह तक बचेगा?

किसी तरह रात कट रही थी। हम दोनों के फ़ोन स्विच ऑफ़ थे। समय देखने का एक ही ज़रिया था रोहित का वॉइस रिकॉर्डर जिसमें हमने टाइम सेट किया था। लेकिन वो बैग के अंदर रखे कैमरा बैग में था। और हम दोनों के हाथों में इतनी ताक़त नहीं बची थी कि हम बैग की चेन खोलकर उससे रिकॉर्डर निकालें और टाइम देख लें।

समय किसी तरह बीत रहा था। और हम ठंढ से जूझ रहे थे।

"यार पेशाब लगी है। पर उठकर बाहर जाने की ताक़त नहीं है।" रोहित ने कहा।

"लगी तो मुझे भी है पर उठ तो मैं भी नहीं पा रहा।"

मेरी आवाज़ में भी उतनी ही निराशा थी। शरीर को गर्मी दे सकने वाली कोई भी चीज़ हमारे पास नहीं थी और ठंढ लगातार और तीखी होती जा रही थी।

"चलो उठकर यहीं पे बैठे-बैठे कर लेते हैं।" मैंने कहा।

हम जहाँ लेटे थे वहीं पर किसी तरह उठकर तख़्तों पर बैठे-बैठे थोड़ा आगे खिसककर हमने पेशाब की। और वापस पीछे होकर लेट गए। आँख लगने की हर कोशिश नाकामयाब रही।

किसी तरह हमें यह रात काटनी थी। यह रात जो हमारी ज़िंदगी की सबसे ख़ौफ़नाक रात थी।

पुल पार ज़िंदगी

दिन : चौदह

27 जून 2015

नैल–गुंजी

सुबह का इंतज़ार इससे पहले इतना बेसब्र शायद ही कभी रहा हो। जैसे हम बर्फ़ की सिल्ली से बने कमरे में क़ैद कर दिए गए हों। लगातार ठिठुरते हुए हम एक ही दुआ कर रहे थे कि नई सुबह जल्दी हो जाए और सुबह तक हम ज़िंदा रहें।

कुछ देर बाद मैंने छाता हटाकर देखा। बाहर कुछ-कुछ सफ़ेदी-सी दिखाई दी।

"यार उजाला तो नहीं हो गया?" मैंने बड़ी उम्मीद से कहा।

"नहीं अभी कहाँ। कोहरा होगा।" रोहित ने कहा तो मैंने मान लिया।

फिर से छाता लगाया। और लेटने की कोशिश की। क़रीब पंद्रह-बीस मिनट बाद बाहर चिड़ियों के चहचहाने की आवाज़ सुनाई दी।

"भाई सुबह हो गई।"

मैं एकदम चहककर उठने की कोशिश करने लगा। पैर एकदम जाम थे। पर सुबह होना इससे पहले इतना उम्मीद दे जाने वाला कभी नहीं लगा। छाता हटाकर देखा। सचमुच सुबह हो चुकी थी।

सुबह हो तो गई थी पर इस सुबह से हमें जो उम्मीद थी वो टूट गई थी। हमें लगा कि कम-से-कम बारिश रुक जाएगी। लेकिन वो बदस्तूर जारी थी। धूप की संभावनाएँ तो ख़ैर आज के दिन भी दूर-दूर तक नहीं लग रही थी।

मैं किसी तरह उठा और शेल्टर से बाहर आकर कसरत करने लगा ताकि जाम हो गए शरीर में कुछ गर्मी लाई जा सके। हमने तय किया कि अब हम वापस उस अणवाल के पास जाएँगे जिसे हमने पिछले दिन रास्ते में कहीं देखा था। किसी अनिश्चित दूरी पर। वहाँ जाकर हम आग सेकेंगे और चाय पिएँगे। अभी ज़िंदगी के लिए जो सबसे ज़रूरी चीज़ थी वो थी गर्मी।

कुछ देर कोशिश करने के बाद रोहित भी उठा। दोनों ने जूते पहने। अपने कैमरा बैग लटकाए और सारा सामान जो अब भी एकदम गीला था, शेल्टर में बिखरा हुआ छोड़कर जंगल में आगे बढ़ गए। वापस उस रास्ते को ढूँढ़ने जहाँ हमें अणवाल का टैंट दिखाई दिया था। वो कितनी दूर था यह हममें से किसी को याद नहीं था। पर वहाँ पहुँचना ज़रूरी था। क़रीब

सवा किलोमीटर जंगल–ही–जंगल चलकर जब हम सड़क पर पहुँचे तो जो देखा उसे देखकर दंग रह गए।

रातभर हुई बारिश की वजह से एक पूरा–का–पूरा पहाड़ गिरकर सड़क की जगह आ गया था। सड़क का कोई निशान भी वहाँ नहीं बचा था।

हमें यह समझते हुए एक मिनट भी नहीं लगा कि अब इससे आगे जाना मौत को दावत देने से कम नहीं है। बारिश अब भी हो रही थी। ज़ाहिर है कब कौन–सा पहाड़ दरक जाए कुछ नहीं कहा जा सकता। कम–से–कम जहाँ हम थे वहाँ हम पहाड़ के नीचे दबकर तो नहीं मर सकते थे।

हम वापस लौटे। क़रीब दो किलोमीटर चल चुकने के बाद शरीर गर्म ज़रूर हो गया था। कमज़ोरी भी कुछ कम हुई थी। हमने तय किया कि एक बार जंगल–ही–जंगल जाकर सड़क पर उतरकर देखा जाए हो सकता है नदी कुछ कम हो गई हो या पार करने की कोई संभावना बन गई हो।

क़रीब सवा किलोमीटर और चलकर जब हम सड़क पर पहुँचे तो एक बार फिर सिर चकरा गया। कल हमने सड़क के जिस हिस्से में अपने बैग रखे थे और जहाँ से पुल बनाने की योजना बना रहे थे आज वो पूरा इलाक़ा ही ग़ायब था। नदी इस पूरी ज़मीन को क़रीब काटकर पाँच गुनी हो गई थी।

ये हताशा का चरम था। अब न हम पीछे जा सकते थे। और आगे जाने की तो ख़ैर सोच भी नहीं सकते थे। हमें कुछ खाए हुए चौबीस घंटे हो गए थे। बारिश लगातार जारी थी। ठंडी हवाएँ लगातार चल रही थीं। हम दोनों पाँच गुनी हो गई नदी के किनारे खड़े थे, एकदम हारे हुए।

इस यात्रा मार्ग से जा रहे सारे यात्रियों को सरकार और सेना के आदेशों पर यात्रा करने से रोका जा चुका था और किसी को यह मालूम भी नहीं था कि हम यहाँ फँसे हैं तो किसी के रेस्क्यू के लिए आने की भी कोई उम्मीद नहीं थी।

"तुम्हें पता है 2013 की आपदा में ज़्यादातर लोग कैसे मरे?" रोहित ने पूछा।

"कैसे?"

"ऐसे ही पुल टूट गए थे। लोग हमारी ही तरह बचने के लिए जंगलों

की तरफ़ गए। और ठंढ और भूख से मर गए। मलबे के नीचे दबकर मरने वालों की संख्या कम थी। भूख और ठंढ से मरने वालों की संख्या कई गुना ज़्यादा।''

रोहित ने यह बात जिस हताशा में कही थी उसे हम दोनों के अलावा इस वक़्त कोई नहीं समझ सकता था। हम रो ही नहीं रहे थे बस।

पर मन के अंदर यह उम्मीद ख़त्म नहीं हो रही थी कि कोई-न-कोई तो रास्ता होगा ही। बस वक़्त रहते वो रास्ता हमें मिल जाए। और हम इस मुसीबत से बचकर निकल जाएँ। दिमाग़ में यही चल रहा था।

''चलो ऊपर की तरफ़ चलते हैं। एक बार उस पुल को देख आते हैं। और कोई रास्ता नहीं है हमारे पास।'' रोहित ने कहा।

करना तो वही था। पर पैरों में, शरीर में इतनी ताक़त भी तो नहीं बची थी। बैग शैल्टर में छोड़ आना एक अच्छा फ़ैसला था वरना ऐसी हालत में बोझ के साथ इतना चल पाना असंभव ही था।

हम जंगल में ऊपर की तरफ़ बढ़ने लगे। भूख ज़बरदस्त लग रही थी।

''यार चीड़ के बीज ढूँढ़ो। वो मिल जाएँ तो उन्हें खा सकते हैं।''

बचपन में कभी गाँव जाने पर जंगल में ये बीज हम बड़े चाव से खाते थे। पर इनका मिलना भी राहत देने वाला हो सकता था। कुछ देर ढूँढ़ने के बाद हमें एक आध ही ऐसे बोर मिले जिनमें ये बीज बचे थे। उनको खा तो लिया पर उससे होना क्या था?

हम अब उस पुल की तरफ़ बढ़ रहे थे। वो पुल जो हमारी आख़िरी उम्मीद था। पर जिस तरह रात भर नदी में पानी बढ़ा था उस जर्जर पुल के बचे रहने की कोई उम्मीद हमें नहीं थी। फिर भी जब कोई विकल्प नहीं होता तो आख़िरी कोशिश तो करनी ही होती है। यह हमारी आख़िरी कोशिश थी।

काफ़ी देर चलने के बाद एक झुरमुट हटाते हुए रोहित चीखा, ''उमेश वो पुल है वहाँ अभी भी।''

''भाई क्या बात कर रहे हो?''

मैं झुरमुट की तरफ़ लपका। झुरमुट की ओट से दूर वो पुल दिखाई दे रहा था। शरीर में जाने कहाँ से कई गुना ताक़त आ गई। पर एक संदेह भी

था कि कहीं कल की तरह ही उसकी हालत हो तो फिर क्या .फ़ायदा?

पर हम दोगुने उत्साह से उस पुल की तर.फ़ बढ़ गए। यही कोई पंद्रह मिनट में हम उस पुल के पास खड़े थे। हमने उस पुल को देखा तो यक़ीन नहीं हुआ। जैसे कोई चमत्कार हुआ हो।

रात भर पानी के दबाव ने पुल के नीचे जमा हुए पत्थरों के मलबे को सा.फ़ कर दिया था और नदी अपना रास्ता मोड़कर पुल के नीचे से बह रही थी। पुल तक पहुँचने का रास्ता सा.फ़ था और पुल पार करने के बाद दूसरे किनारे पहुँचने का रास्ता भी।

बस एक ही संशय था कि क्या यह पुल हमारा भार उठा भी पाएगा? लेकिन फिर यह लगा कि जिस पुल ने ऐसी उफनती नदी के प्रवाह को सह लिया वो अब दो लोगों का भार तो उठा ही लेगा।

पर सामान अभी पीछे जंगल में था। जहाँ तक जाने और यहाँ लौटने में क़रीब आधा घंटा तो लग ही जाता। लेकिन कल जिस तरह से नदी को अपना रुख बदलते हमने देखा था हम अब कोई चांस नहीं लेना चाहते थे। कहीं आधे घंटे में नदी और बढ़ जाए और पुल को बहा ले जाए तो एक अकेली उम्मीद भी हम खो देंगे।

ये सोचने में हमें कोई दो मिनट लगा।

सामान रहने दो। पार करते हैं। हमने आख़िरी .फ़ैसला लिया।

"रुको, एक-एक कर पार करेंगे। पहले मैं जाकर देखता हूँ।"

रोहित ने कहा और वो आगे बढ़ गया।

रोहित सँभलकर पत्थर के ऊपर टिकी कुछ लकड़ियों वाले उस जर्जर पुल पर चढ़ा और एक-एक क़दम बहुत सँभलकर रखे हुए उसने पुल पार कर लिया।

"उमेश हो गया। आ जाओ। एकदम सँभलकर।"

ये कहते हुए उसके चेहरे पर ज़िंदगी की चमक मैं सा.फ़ देख सकता था।

मैं सँभलते हुए पुल पर चढ़ा और अगले कुछ सेकेंडों में हम दोनों पुल के पार थे। एकदम भाव विभोर।

"भाई बच गए... बधाई हो।"

ये कहते हुए मेरी ज़बान ख़ुशी से लड़खड़ा रही थी। इसके बाद उस नदी को मैंने एक बार भी मुड़कर नहीं देखा।

हम हताशाओं के उस पुल को पार करके उम्मीद की सड़क पर आगे बढ़ रहे थे।

क़रीब एक किलोमीटर ही आगे बढ़े होंगे कि हमें ख़ाकी वाटरप्रूफ लबादों में ढके पाँच-छह लोग सामने से आते दिखाई दिए। वेशभूषा से साफ़ था ये फ़ौज के लोग थे। इनमें से ज़्यादा उत्तर-पूर्व के लोग थे। क़द में छोटे और हौसले में बुलंद।

"कहाँ से आ रहे हो?" हमें देखते ही उनमें सबसे आगे खड़े उस छोटे क़द के जवान ने पूछा।

"जान बचाकर आ रहे हैं। कल रातभर जंगल में फँसे रहे।"

ये कहकर हमने अपनी पूरी कहानी कुछ मिनटों में उन्हें सुना दी। अब तक जो झेला था वो अब अपने ही शब्दों में किसी और को बताते हुए लग रहा था कि यह सच नहीं हो सकता। यह ज़रूर कोई कहानी ही है। एक ऐसी कहानी जिसके किरदार बनकर हम अभी-अभी लौट आए हैं।

ये कहानी सुनाते हुए मुझे साफ़ महसूस हो रहा था कि अब भी मेरे रोंगटे खड़े हो रहे थे। हम सचमुच एक ऐसी रात बिताकर आए थे जिसकी सुबह होना हर किसी को नसीब नहीं होता।

हमारी कहानी सुनकर सेना के उन जवानों में से एक ने पूछा, "तो पुल अभी तो ठीक है न?"

उसके कहने में हमारी कहानी से उपजे डर की साफ़ झलक थी।

"उस पुल का कोई भरोसा नहीं है। कभी भी टूट सकता है। लेकिन पुल के पार जाने की बिलकुल हालत नहीं है। आप लौट जाइए यही सही होगा।"

"नहीं ज़रूरी है ऊपर जाना अभी। हम ख़ुद जाकर देखेंगे कि जाने लायक़ है या नहीं।"

हमने उन जवानों को आगाह किया, लेकिन कुछ था जो उन्हें अपनी जान से ज़्यादा ज़रूरी लग रहा था इस वक़्त। हमने कुरेदना चाहा कि वो कुछ आख़िर था क्या?

"पर ऐसा क्या ज़रूरी है? बारिश रुक जाए तब चले जाइएगा।"

हमारे पूछने पर सबसे आगे खड़े उस जवान ने कहा, "अरे ऊपर ज्योलिंगकोंग में हमारे अफ़सर साब ने कैमरा मँगाया है... वो कैमरा उन तक पहुँचाना ज़रूरी है। हम ख़ुद जाकर देख आते हैं। क्या पता रास्ता जाने लायक़ हो!"

अफ़सर तक कैमरा पहुँचाना किसी की जान से भी ज़्यादा ज़रूरी था। यह आज्ञाकारी होने का भाव आख़िर आता कहाँ से है? नौकरी की मजबूरी, सज़ा का डर या सचमुच अपने अफ़सरों के लिए सम्मान? मेरा समझ पाना ज़रा मुश्किल था।

"आगे कैसा है रास्ता? जाने लायक़ है?"

मैंने जानना चाहा। क्योंकि टूट-फूट के निशान यहीं से दिखाई देने लगे थे। हमें डर था कि कहीं कोई दूसरी मुसीबत हमारा इंतज़ार न कर रही हो।

"ठीक ही है, अब तो रोड-रोड ही जाना है। बीच में पत्थर गिर रहा है, सँभलकर जाना।"

ये कहकर वो जवान अपने साथियों को लेकर आगे बढ़ गया। बारिश अब भी जारी थी। और ख़ाकी रेनकोट के लबादों में ढके वो पाँच जवान उस भूगोल की ओर बढ़े चले जा रहे थे जहाँ से अपनी जान बचाकर लौटने पर हम अब राहत की साँस ले रहे थे।

आगे सड़क के सचमुच बुरे हाल थे। कहीं छोटे-छोटे तो कहीं बड़े पत्थर पिछले कुछ समय से वहाँ लगातार गिरते रहे थे। किसी-किसी जगह नदी उस सड़क को काटकर एकदम सँकरा कर चुकी थी। हम उन टूटकर गिरते पहाड़ों के बीच कटी उस सड़क से डरते-डरते ऐसे गुज़र रहे थे जैसे कोई ख़ुद पर लगातार भौंकते हुए कुत्ते से बचकर निकल रहा हो, यह जानते हुए कि कुत्ता कभी भी उसे काट सकता है।

सड़क के किनारे बहती नदी लगातार विकराल होती जा रही थी। नदी के पार अब एक गाँव दिखाई देने लगा था। रोंग्कोंग नाम के इस गाँव की तरफ़ जाते पुल नदारद थे। बीच में एक आध बल्लियाँ लटकी हुई दिखाई दे रही थीं। जाते हुए हमने दो पुल देखे थे जो उस पार के इस गाँव को इस पार की दुनिया से जोड़ते थे। साफ़ था कि पिछली रात नदी ने यहाँ भी कहर ढाया है।

भूख लगातार तेज़ हो रही थी। ठंढ इतना चलने के बाद अब कुछ कम ज़रूर हो गई थी। पर ठिठुरन बरक़रार थी। अब हम नाभि नाम के उस गाँव में थे। सड़क किनारे एक ढाबा था। जिसमें एक चूल्हे के पीछे दो लड़कियाँ बैठी हुई थीं। चूल्हा, हमारे ठिठुरते बदन को इन चूल्हों को देखकर जो सुख मिला इस वक़्त उसे बताना लफ़्ज़ों के बयान से परे की चीज़ है। हम तुरंत उस ढाबे में गए तो उन दोनों में से एक लड़की ने हमें देखकर एकदम डरते हुए कहा, "क्या हुआ आप लोगों को? कहाँ से आ रहे हो?"

हमारी शक्लों पर शायद लिखा हुआ था कि हमें जो भी हुआ था वो कुछ ठीक नहीं था। हम जहाँ से भी आ रहे थी वहाँ कुछ तो गड़बड़ हुई थी।

हमने कुछ ही मिनटों में उन्हें भी वही कहानी सुना दी जो हमने सेना के उन जवानों को सुनाई थी। और जिसे ज़िंदगी ने किसी अलिखित किताब में हमारे नाम से कहीं दर्ज कर दिया गया था।

हमारी कहानी सुनते हुई वो दोनों लड़कियाँ जैसे हमारी सबसे अच्छी दोस्त बन गई हों।

"ओहो आप अपने कपड़े बदल लो सबसे पेले, और ये कम्बल ओढ़ के आग के सामने बैठो।"

हमारे कपड़े। जो हमने पहने थे वो अब भीग के तर हो चुके थे। जो बदलने थे वो न केवल तर-बतर थे, बल्कि अभी उस जगह पर बेतरतीब बिखरे हुए थे जो हमारी मुसीबतों की साक्षी रही थी। हमारे पास बदलने के लिए कोई कपड़े नहीं थे और पहने हुए कपड़ों को उतारना इस वक़्त बेहद ज़रूरी था।

हमने अपने जैकेट उतारे और गीली टीशर्ट के बाहर कंबल लपेट लिया। मिट्टी से लिपे पत्थर के बने उन दो तिपाही चूल्हों के सामने हम कंबल ओढ़ के बैठे थे और दुनिया अचानक तमाम सुखों से भरी और ख़ुशनुमा हो गई थी। आग ज़िंदगी में इससे ज़्यादा ज़रूरी और राहत देने वाली लगी हो, यह मुझे याद नहीं आ रहा था।

चाय चढ़ चुकी थी। और आग किनारे बैठे हमारे शरीर से धुआँ उठने लगा था। आग हमारे गीले कपड़ों को सुखाने की जद्दोजहद में जुट गई थी।

ये दो लड़कियाँ इस वक़्त हमारे लिए किन्हीं दो जादुई परियों से कम नहीं थीं। उन्होंने जादू किया और गरमागरम चाय हमारे हाथों में थी। फिर और जादू किया गरमागरम मैगी हमारे हलक में जा रही थी। वो बारी-बारी से लगातार लकड़ियाँ आग में झोंकती जातीं, उन्हें फूँकती जातीं और आग की लपटों को कभी कम न होने देतीं।

क़रीब बीस साल की उम्र की इन लड़कियों से आख़िर कौन-सा रिश्ता था हमारा। बस अभी-अभी मिली थीं हमें। जाते हुए हमने यहाँ चाय ज़रूर पी थी पर तब बात तक नहीं हुई थी और आज जब हम एक मुसीबत से लौटे थे तो परिवार के किसी बहुत क़रीबी सदस्य की तरह यह हमारी सेवा कर रही थीं। जैसे बरसों से जानती हों हमें। उनके चेहरों पर हमारे बचकर निकल आने की जो ख़ुशी थी वो एक रत्ती नक़ली नहीं थी। हमारा और उनका रिश्ता यक़ीनन किसी दुकानदार और ग्राहक का रिश्ता नहीं था।

यह एक ऐसी दुनिया थी जहाँ दुकानों पर बस बिकने वाली चीज़ें बिकती हैं। यहाँ आपकी भावनाओं का मोल कोई नहीं लगाता। आपकी ज़रूरत का फ़ायदा कोई नहीं उठाता। हम एक ऐसे शहर से आए थे जहाँ भावनाएँ लगातार बाज़ार की शिकार हो रही थीं। बिकने-ख़रीदे जाने वाली चीज़ों के साथ-साथ भावनाओं में भी वहाँ मिलावट साफ़ नज़र आने लगी थी। और एक यह दुनिया थी। टूटती-बिखरती। पर यहाँ ऐसी न जाने कितनी परियाँ रहती थीं जिनकी भावनाएँ एकदम खरी थीं। जिनमें दूर-दूर तक कोई मिलावट नहीं थी।

हमारी कहानी सुनते हुए लगातार इन दो लड़कियों के चेहरों के भाव

बदलते जाते। एक कहती-

"भैया... बचके आ गए हो आप लोग... गजब मेहनत की है आपने। हमारी तो ये सुनके ही जान जैसी सूखरी है कहा।"

तो दूसरी मुस्कुराती और बोलती-

"बस भगवान था आपके साथ। वरना यहाँ सब कहाँ बचते हैं ऐसे में। ज़रूर अच्छे काम किए होंगे आप लोगों ने।"

बातों के सिलसिले के बीच ही थोड़ी देर में हमारे भूखे पेटों में खाना जा चुका था, हमारे ठिठुरते शरीरों में गर्माहट मिल चुकी थी, हमारे गीले कपड़ों की नमी सूख रही थी, वो रात एक अतीत हो चुकी थी जिसका रोमांच कभी न भुलाए जाने वाले लम्हों में शुमार हो चुका था।

धीरे-धीरे ढाबे में लोग आते-जाते और ये दो लड़कियाँ अपनी भाषा में हमारी कहानी उन्हें सुनाती जातीं। कुछ ही देर में यह ख़बर गाँव-भर में फैल चुकी थी। जो भी आता हमें ऐसे देखता जैसे हम दूसरी दुनिया से आए दो प्राणी हों। कंबल में लिपटे हम दोनों अपने चेहरे से भी एकदम लुटे-पिटे, सताए हुए से दो प्राणी ही लग रहे थे जो इस दुनिया में भूले-भटके से चले आए हों।

कुछ देर में दो लड़के भागते हुए ढाबे में आए-

"बैग लाना है क्या आपका? हम ले आते हैं।" एक ने कहा। उसकी उम्र यही कोई चौदह साल होगी। लगता था कि किसी से हमारी कहानी सुनकर वो भी हमें अजूबों की तरह देखने चले आए हैं।

"कितने पैशे दोगे? हम ले आएँगे फटाफट।" दूसरे ने प्रस्ताव आगे बढ़ाया। उम्र से वो भी क़रीब बीस साल का रहा होगा।

"नहीं, नहीं कोई ज़रूरत नहीं है। वहाँ जाना अभी बहुत ख़तरनाक है। हम बच के आए हैं, तुम्हें क्यों भेजें?"

मैंने कहा तो लड़का हँस दिया।

"अरे, हम यहीं के हैं, हमें नी लगता डर वर। हम ले आएँगे। बताओ जगह कौन सी है?"

उसने ऐसे कहा जैसे उसके लिए यह कोई बच्चों का खेल हो।

फिर उसने अपनी ही भाषा में दोनों लड़कियों से बात की। लड़कियों के कहे मुताबिक़ वो दोनों लड़के बिना हमारी पूरी बात सुने कहीं भाग गए।

वो गए ही थे कि सेना के वो जवान जो हमें कुछ देर पहले रास्ते में मिले थे लौट आए थे। हमें देखते ही उनमें से एक बोला-

"सच कहा था शर आपने, जाने लायक नी है, सब टूट-फूट हो गया है, पता नहीं कैसे आया आप लोग तो।"

नॉर्थ ईस्ट से आया वो जवान यह कहकर ढाबे की तरफ़ चला आया।

"चकती मिलेगा?"

उसने लड़की से पूछा।

"हमारे लिए क्या लाया? रसमलाई है?"

लड़की ने मुस्कुराते हुए कहा।

"आम पन्ना ले लो... आज वही है।"

जवान ने यह कहकर पीछे अपने एक साथी को इशारा किया। साथी ने एक डब्बा बैग से निकाला और जवान की तरफ़ बढ़ा दिया।

लड़की ने दो-तीन गिलास चकती से भर दिए। जवानों ने बस एक बार में पूरा गिलास अपने हलक में डाल दिया। बौटम्स अप।

कुछ देर में जवानों के जाने के बाद लड़की ने आम-पन्ना का डब्बा खोला और ढाबे में मौजूद हर शख़्स को थोड़ा-थोड़ा आम-पन्ना बाँट दिया। जैसे बाँटकर खाना उस मीठी चीज़ के स्वाद को और बढ़ा दे रहा हो।

कुछ देर में हमारा बैग लेने गए लड़के ख़ाली हाथ लौट आए।

"झूट क्यों बोला तुमने... वहाँ तो कुछ भी नी मिला?"

छोटे वाले ने नाराज़गी जताई।

"कहाँ गए तुम लोग?"

रोहित ने पूछा। उन्होंने इसके जवाब में जिस जगह का हुलिया बताया वो कोई और जगह थी।

"जाने से पहले एक बार सुन तो लेते ढंग से। बिना बताए भाग

गए।"

मैंने कहा। मुझे उनके इस अतिरिक्त उत्साह पर हँसी भी आ रही थी। लेकिन अपने शौक़ पूरा करने के लिए वो जो मेहनत करने को तैयार थे वो भी काबिले तारीफ़ बात थी।

हमने उन्हें ढंग से उस जगह के बारे में एकबार फिर बताया। और जाने न जाने का फ़ैसला उन पर छोड़ दिया। कुछ देर आराम करने के बाद वो हमारे सामान की तलाश में एकबार फिर निकल पड़े। अब हमारी हिम्मत क़तई नहीं थी कि हम वहाँ वापस जाएँ और उस सामान को वापस ले आएँ। बच्चे अब भी उत्साहित थे। उनके लिए यह अपनी पॉकेट मनी कमाने का कुछ आसान ज़रिया जो था।

शाम घिरने लगी थी। बच्चे अब भी नहीं लौटे थे। हमें अपने आज के पड़ाव यानी गुंजी पहुँचना था जो यहाँ से अब भी क़रीब डेढ़ घंटे की दूरी पर था। एक बार सोचा कि जाने दें। पता नहीं बच्चों को सामान मिलेगा भी कि नहीं। लेकिन कुछ ही देर में चहकते हुए बच्चों की आवाज़ हमारे कानों पर पड़ी। वो हम दोनों के बैग अपने कंधों पर टाँगे हमारी तरफ़ आ रहे थे।

बच्चों को उनका मेहनताना देकर हमने अपना सामान देखा। एक-एक सामान बैग में मौजूद था। छोटी से छोटी चीज़ भी वो समेटकर ले आए थे। हमने बैग के सारे कपड़ों को अच्छे से निचोड़ा और फिर उन्हें वापस बैग में समेट लिया।

कुछ देर में हम गुंजी में थे। मोहन भाई को मिले कमरे में। एक बार फिर अपनी कहानी उन्हें और उनके साथियों को सुनाते।

मोहन भाई भी इस बात से ख़ुश थे कि हम बचकर निकल आए। वो हमारे साथ इस ट्रैक पर आना तो चाहते थे पर अपनी सरकारी ज़िम्मेदारियों के चलते आ नहीं पाए थे। शायद यही सोच रहे हों कि वो होते तो वो रात उन्हें रोमांचक लगती या फिर एक त्रासदी जिसे वो अपनी ज़िंदगी में कभी दोहराना नहीं चाहेंगे?

एलिस, लला, कुहू और कैमरा

दिन : सत्रह

30 जून 2015

गुंजी–बूदी

तीन दिन गुंजी में बीत चुके थे। जिस हेलीकॉप्टर का हम इंतज़ार कर रहे थे बताया गया कि वो आज भी नहीं आएगा। हम अपना समय यूँ ही गँवा रहे थे। पर बीते दिनों के मंज़र और आस-पास से आती मौत की ख़बरों ने भीतर से डरा भी दिया था इसलिए पैदल आगे बढ़ने का साहस भी हम नहीं जुटा पा रहे थे।

सुबह-सुबह रोहित ने कहा भी, "आज निकल पड़ते हैं यार पैदल ही। देखी जाएगी।"

लेकिन मैं तय नहीं कर पा रहा था क्योंकि आगे वापसी का जो रास्ता था वो और ख़तरनाक था। पिछले तीन दिनों से जिस होटल में हम चाय पीने जा रहे थे वहाँ के बुज़ुर्ग मालिक ने भी आगाह किया था, "अरे रिस्क क्यों लेना है ? हेलीकाप्टर से ही जाओ। एक-आध दिन जादा रुकने में कोई दिक्कत नहीं है। जिंदगी बड़ी चीज है।"

ये अपने इकलौते बेटे को खो चुके बुज़ुर्ग का बयान था। यह कहते हुए उनके चेहरे पर एक गहरी उदासी थी।

जिस किसी से बात करते वो रुककर जाने की ही सलाह देता और बारिश भी थी जो रुकने का नाम नहीं ले रही थी।

क़रीब आठ बज रहे थे। मैं ब्रश करने बाहर निकला तो देखा दूर कहीं पगडंडी पर कई बच्चे अपने बैग और बस्ते टाँगे चले जा रहे थे। किसी के साथ उनकी माँ थी, तो किसी के साथ बहन या भाई या शायद पिता भी।

छाता ओढ़े इन बच्चों की कई टोलियाँ पहाड़ के बीच बिखरी हुई लगातार भीगती सड़क पर आगे बढ़ती जा रही थीं। इन नन्हे बच्चों की टोलियों ने जैसे मेरे भीतर के डर को कहीं पखेरू कर दिया हो।

मैं ब्रश करके कमरे में लौटा और रोहित से कहा, "चलो चलते हैं। जब ये बच्चे जा सकते हैं तो हम क्यों नहीं जा सकते ?"

अगले आधे घंटे में हम निकलने के लिए तैयार थे। सुबह के क़रीब नौ बज रहे थे। हल्की-हल्की बारिश के बीच हमने गुंजी का पुल पार किया। पास की किराने की दुकान से कुछ टॉफियाँ, बिस्किट, पानी और बियर की दो केन ली। और अपने सामान के साथ कुछ हौसला बाँधकर निकल पड़े।

पिछले कई दिनों की बारिश ने गर्बियांग जाने वाली उस सड़क को कीचड़ से भर दिया था। जैसे-जैसे हम आगे बढ़ते जाते सड़क पर कीचड़, गाद और पानी भरा हुआ मिलता। सड़क कहीं-कहीं टूटी भी हुई थी।

रास्ते में हमने चलते-चलते बियर के केन निपटा लिए। भीगते हुए तेज़ हवा के बीच बियर पीने के बाद बहुत हल्का-सा सुरूर महसूस हो रहा था। हम बस उम्मीद ही कर सकते थे कि रास्ता ठीक-ठाक रहे और हम सुरक्षित आज के पड़ाव बूदी तक पहुच जाएँ।

क़रीब चार किलोमीटर आगे रास्ते ने एक बार फिर हमें दहलाया। आगे सड़क पर टूटे पहाड़ का मलबा था। कुछ पेड़ भी आस-पास टूटकर गिर गए थे। रास्ता बंद था और हमें इसी मलबे के ऊपर चढ़कर आगे बढ़ना था। कीचड़ में धँसते पैरों को सँभालते-निकालते हमने यह जगह पार की।

हमसे कुछ आगे एक औरत अपने दो बच्चों के साथ जा रही थी। बारिश तेज़ होने लगी थी। भीगते हुए बच्चों को हमने अपने छाते में आने का न्यौता दिया। उनकी माँ यही कोई सत्ताईस-अठ्ठाइस साल की ही रही होगी। वो कुछ शरमा रही थी शायद। अपनी सलवार के नीचे पैरों में गम बूट पहने वो हमसे तेज़ चल रही थी। बच्चे हमारे छाते के नीचे आ गए और हम कुछ देर साथ चलते रहे उनसे बतियाते हुए।

बच्चों ने बताया कि वो धारचूला में पढ़ते हैं और कल से स्कूल खुल रहा है। वो लोग कोशिश कर रहे हैं कि वो आज ही लमारी तक पहुँच जाएँ। लमारी हमारे आज के पड़ाव बूदी से भी दूर था। तय था बच्चों और उनकी माँ को तेज़ चलते हुए आगे बढ़ जाना होगा। इतने छोटे बच्चे बिना चेहरे पे शिकन लिए मुस्कुराते हुए आगे बढ़ते जा रहे थे। उनके पास कोई शिकायतें नहीं थीं। एक उमंग थी जो बढ़ती ही चली जाती थी। शहरों में नाज़ों से पलने वाले बच्चों से एकदम अलग थे ये बच्चे। सहूलियतों से दूर, पर ज़िंदगी के काफ़ी नज़दीक।

आगे एक जगह रास्ते में मेरा जूता सड़क पर बिछे कीचड़ में पूरी तरह धँस गया। किसी तरह पैर खींचकर बाहर निकाला तो पूरा जूता कीचड़ से सन गया। कीचड़ से सने जूतों ने क़दमों को कुछ भारी कर दिया। चलते

हुए वो भारीपन अब महसूस होने लगा था।

जैसे-जैसे हम आगे बढ़ रहे थे सफ़र मुश्किल ही होता जा रहा था। ग़नीमत यह थी कि आज हम अकेले नहीं थे। आस-पास लोगों की आवाजाही थी जो राहत देने वाली थी। गर्बियांग की सुरक्षा चौकी में पहुँचकर हमारा इनरलाइन पास एक बार फिर चेक किया गया। इस चौकी से गाँव तक जाने वाला रास्ता दरअसल एक बेहद फिसलन से भरी कीचड़ की पगडंडी थी। एकदम सँकरी और ढलान वाली। मेरे जूतों की ग्रिप बहुत मज़बूत नहीं थी और यहाँ समझ रहा था कि ट्रैकिंग के लिए ख़ास तरह के जूतों की ज़रूरत आख़िर क्यों पड़ती है। एक-एक क़दम सँभलकर रखना था क्योंकि फिसलना, गिरना और चोट लग जाना इस रास्ते पर एक ऐसी घटना थी जो आपके सफ़र को बहुत मुश्किल कर सकती थी। हम ख़ुद से किसी मुश्किल को आमंत्रित नहीं करना चाहते थे क्योंकि इस राह पर यूँ भी कहीं कोई मुसीबत हमसे कभी भी टकरा सकती थी।

गर्बियांग के उस गाँव में पहुँचकर हम उसी ढाबे पर गए जहाँ उस अनाम लड़की ने आते हुए हमें अपनी मीठी मुस्कराहट के साथ विदा किया था।

वह मुस्कराहट अभी भी वहाँ बिखरी हुई थी। वो हमउम्र अनाम लड़की शायद अभी-अभी नहाकर लौटी थी। उसके बालों में एक हल्का गीलापन था। उसकी आँखों में चटख काजल की एक महीन लकीर थी और चेहरे पर वही स्वागत वाले भाव। एक ख़ास तरह का आकर्षण था उस चेहरे में।

"आइए ददा... कैसा लगा आपको आदि कैलास?"

उसने अपनी मीठी आवाज़ में पूछा।

हमने अपने बैग दीवार से सटाकर एक कोने पर रखे और पास रखे टेबल के बग़ल में बेंचों पर पसर गए।

"मज़ा आ गया... इतनी सुंदर जगह मैंने आज तक नहीं देखी।"

ये कहते हुए आदि कैलास के उस इलाक़े का मनोरम दृश्य एक बार फिर मेरी नज़रों के सामने आ गया था। वहाँ होना सचमुच किसी बेहद ख़ूबसूरत सपने में होने से कम नहीं था।

हमें देखते ही एलिस पूँछ हिलाता भागता हुआ हमारे पैरों के आसपास

फुदकने लगा। कुछ ही देर में छोटी-सी बच्ची कुहू भी हमारे पास आकर कैमरे से छेड़-छाड़ करने लगी। रोहित ने कैमरा उसके नन्हे हाथों में पकड़ा दिया और उसे बताने लगा कि फ़ोटो कैसे खींचते हैं। कुहू की दादी यानी लला भी आकर हमारे बग़ल में रखे एक बेंच में बैठ गई। कुहू अपनी लला की तस्वीरें उतारने लगी। वो अपनी नन्ही उँगलियों को ज़ोर से क्लिक करने वाले बटन पर दबाती पर बमुश्किल ही कोई फ़ोटो क्लिक हो पाती। इस तरह कोशिश करके उसने कुछ तस्वीरें उतारीं। और उसके तस्वीर उतारने का वो लम्हा मैंने अपने कैमरे में क़ैद कर लिया।

वो अनाम लड़की जो अंदर खाना बना रही थी चावल चढ़ाकर बाहर आई। और टीन की दीवार में बने एक झरोखेनुमा खाँचे के पास खड़ी होकर अपने गीले बाल सँवारने लगी। मैंने उसकी तस्वीर उतारने के लिए कैमरा उस ओर किया तो वो शरमाकर बोली, ''मेरा फोटो मत लो... मुझे अच्छा नहीं लगता।''

मैंने कैमरा वापस टेबल पर रख दिया। उसे फ़ोटो खिंचाना क्यों अच्छा नहीं लगता, यह सवाल उससे पूछना मुझे जायज़ नहीं लगा। मना करना उसका अपना हक़ था। और उसके हक़ का सम्मान करना मेरा फ़र्ज़।

कुछ देर में खाना बनकर तैयार था। उस अनाम लड़की ने खाना टेबल पर सजा दिया। गरमागरम खाना हलक को नसीब हुआ तो शरीर को राहत मिलनी शुरू हुई। खाना खाकर कुछ देर और हम वहीं बैठे रहे। और फिर एलिस, लला कुहू और उस अनाम लड़की को उनकी दुनिया में छोड़ हम आगे बढ़ गए।

गर्बियांग से छियालेख जाने वाले उस रास्ते की हालत तो और ख़राब थी। रास्ते और उसके आस पास की ज़मीन को देखकर हमें समझ आ रहा कि आख़िर कैसे कुछ दशक पहले यह पूरा गाँव धँसकर कई फ़ीट नीचे आ गया होगा। यहाँ की ज़मीन एकदम कच्ची और भुरभुरी थी। पानी ने उसे चिकना और कीचड़युक्त बना दिया था। इस ज़मीन पर सँभलकर चलना एक बहुत मुश्किल काम लग रहा था। कुछ-कुछ जगह रास्ते में इतनी ढलान थी कि मुझे ऊपर चढ़ने के लिए रोहित की मदद लेनी पड़ रही थी। रोहित के जूते मुझसे बेहतर थे। उनकी पकड़ इस बेहद फिसलन भरी ज़मीन पर भी ठीक-ठाक थी। ऐसे नाज़ुक रास्ते से हमने क़रीब तीन किलोमीटर की

चढ़ाई चढ़ी। क़रीब दो बजे हम छियालेख के बुग्याल पर थे। यहाँ पहुँचना सुकून दे रहा था। क्योंकि यहाँ से अब सफ़र बहुत लंबा नहीं था। क़रीब तीन किलोमीटर की ढलान हमें अब उतरनी थी और हम आज के पड़ाव पर पहुँच जाने वाले थे।

गर्बियांग में हमने उसी होटल में चाय पी जहाँ हम आते हुए ठहरे थे। यहाँ वो महिला और दो बच्चे हमसे पहले ही पहुँच चुके थे जो हमें नपल्च्यू से गर्बियांग के बीच कहीं मिले थे।

यहाँ बैठे हम यही उम्मीद कर रहे थे कि छियालेख से उतरते उस रास्ते में ज्यादा कीचड़ न हो। क्योंकि पहाड़ों पर उतरता हुआ फिसलन भरा रास्ता ज़्यादा जोख़िम भरा होता है।

छियालेख से बूदी जाने वाला रास्ता मेरी आशंकाओं से कम जोख़िम भरा था। इससे पहले हम इस सफ़र में बहुत बड़े जोख़िम उठा चुके थे। बस हमें सँभलकर उतरना था। इसके बाद एक और दिन और हमारी यह यात्रा अपने आख़िरी पड़ाव पर पहुँच जाने वाली थी।

बूदी पहुँचते पहुँचते क़रीब पाँच बज गया था। ऊँचे-ऊँचे पहाड़ों की तलहटी में चारों और गहरी हरियाली बिखरी हुई थी। उस हरियाली के ऊपर कोहरे की एक सफ़ेद चादर थी। ऐसा लग रहा था जैसे अभी-अभी नहाकर लौटे पहाड़ों ने नई-नई हरी सूट के ऊपर सफ़ेद दुपट्टा ओढ़ लिया हो। यह दुपट्टा सरककर कंधे से फिसल गया हो और पहाड़ उसके इस तरह बेतरतीब हो जाने से लापरवाह अपनी धुन में खोया हुआ हो।

बूदी पहुँचकर हम कुछ देर उस होटल पर रुके जहाँ हमने जाते हुए चाउमीन खाई थी। हमारे पहुँचते-पहुँचते यहाँ एक ख़बर भी पहुँची। वो ख़बर जो दर्दनाक थी।

बस अभी कुछ ही देर पहले लखनपुर से गर्भाधार की तरफ़ जाने वाले रास्ते में एक दुखद हादसा हुआ था। एक सात-आठ साल का बच्चा अपनी माँ के साथ धारचूला की तरफ़ जाने के लिए निकला था। लखनपुर से कुछ आगे वो चलते-चलते थक गया तो उनके साथ रास्ते में चल रहे एक मज़दूर ने उसे अपने कंधे पर उठा लिया। कुछ आगे आसमान से भी ऊँचे किसी

पहाड़ से एक छोटा-सा पत्थर तेज़ रफ़्तार में लुढ़कता हुआ आया और सीधे बच्चे के सिर पे जा लगा। मज़दूर का बाल भी बाँका नहीं हुआ लेकिन बच्चे की वहीं पर मौत हो गई।

वो बच्चा इसी होटल के पड़ोस में ही एक घर में रहता था। आस-पास मातम का माहौल था। गाँव की औरतें एक-एक कर उस घर की तरफ़ परिवार को सांत्वना देने जा रही थीं। हमारी इस यात्रा के दौरान ऐसी किसी मौत की यह सातवीं ख़बर थी। मौत की ख़बरों के बीच से गुज़रते हुए हम अठारह दिन का सफ़र तय कर चुके थे। और कल हमें उसी रास्ते के आस-पास से गुज़रना था जहाँ से इस बच्चे की मौत की ख़बर आ रही थी। यह यात्रा अब असुरक्षा से जूझते चले जाने की यात्रा में बदल गई थी। यह एक ऐसी दुनिया थी जहाँ सब प्रकृति के आगे लाचार थे और प्रकृति थी कि जितनी ख़ूबसूरत थी उतनी ही क्रूर भी।

''यहाँ रहते हुए जितना अच्छा लगता है, यहाँ आते हुए उतना ही डर भी लगता है, पर सरकारी ड्यूटी करनी ठैरी हमें आना तो पड़ता है। पर रास्ते भर में यही लगता है कि किसी तरह बचकर लौट जाएँ।''

ये एक चालीस-पैंतालीस साल के आदमी के शब्द थे जो हमसे मुख़ातिब थे। किसी सरकारी डिपार्टमेंट की तरफ़ से ये यहाँ दो महीने की ड्यूटी पर थे। मौत की यह ख़बर सुनकर वो भी सहमे हुए थे।

सुबह-सुबह यहाँ से हँसता-खेलता निकला एक बच्चा बस अभी कुछ देर पहले अतीत हो गया था। और कल सुबह-सुबह हमें उसे अतीत बना देने वाली राह से गुज़रना था। यहाँ आकर लग रहा था कि भाग्य नाम का वो शब्द मायने तो ज़रूर रखता है।

केएमवीएन के गेस्ट हाउस में पहुँचकर कुछ ही देर में हमें अपने बंकर में ही सूप मिल गया। ये गर्मागर्म सूप बाहर के तापमान का असर शरीर के भीतर न होने देने की एक अच्छी युक्ति-सा लगा उस वक़्त।

सूप पीकर मैंने कीचड़ से बुरी तरह सने हुए अपने जूतों को पास ही लगे नलके में धोया। और उन्हें सूखने का मुग़ालता देने के लिए बंकर की दीवार के सहारे टिका दिया।

रात के खाने के वक़्त गेस्ट हाउस में आदि कैलास को जा रहा एक दल भी था। इसमें कई बुज़ुर्ग थे। उन्हें देखकर मैं सोच रहा था कि जिस जगह से निकलकर आना हमारे अनुभवों के लिहाज़ से मुसीबतों से बचकर आने की तरह लग रहा था उस जगह जाकर क्या ये लोग अपनी जान जोख़िम में नहीं डाल रहे? ऐसे फिसलन भरे भूस्खलन की संभावनाओं से पटे पड़े रास्तों में आख़िर कैसे जा पाएँगे ये लोग।

पर ये सारे बुज़ुर्ग किसी गहरी आस्था के सहारे यहाँ इन दुरूह रास्तों पर चले आए थे। कोई एक अद्‌भुत शक्ति थी जिसपर इनका अटूट विश्वास इन्हें यहाँ खींच लाया था। इन्हें देखकर लग रहा था कि आस्था सचमुच एक बड़ी ताक़त है जो आपको उससे जुड़ी मुसीबतों से आँखें मूँदना भी सिखा देती है।

एक यही कोई पचास साल की महिला भी थी वहाँ। वो पहाड़ से ही थी। उसकी शिकायत पहाड़ियों से ही जुड़ी थी।

"सोचो कितनी दूर-दूर से लोग आते हैं यहाँ देखने। लेकिन मुझे कोई पहाड़ी नहीं मिलता। पहाड़ के लोग दुनियाभर में पहुँच गए हैं, लेकिन अपने ही आस-पास इतनी सुंदर जगहों से उन्हें कोई मतलब नहीं ठैरा। मैं तो दस साल से हर बार आती हूँ यात्रा में। पैसे का जुगाड़ वो जो ऊपर बैठा है ना वो कर देता है। जब तक उसकी मर्जी रहेगी आती रहूँगी मैं।"

इस महिला के भीतर एक अजीब-सा आतंरिक उत्साह था। वो उत्साह जो शायद अपने जीवन से जुड़ी तमाम मुश्किलों को लेकर लापरवाह होने से आता है। इस उत्साह के लिए शायद आपको उस सुरक्षा के घेरे निकलना होता है जो आप अपने लिए बना लेते हैं और फिर उसके बाहर निकलने में आपके पसीने छूट जाते हैं। वो घेरा जो आपको बाँधकर रख देता है। वो घेरा जो तमाम रहस्यों से पगी हुई इस दुनिया के तमाम संभावित रोमांचक अनुभवों से आपको वंचित कर देता है।

खाना खाकर जब हम अपने बंकर में लौटे तो रात के दस बज चुके थे। सुबह जल्दी उठना था। कल हमारी यात्रा का आख़िरी दिन था।

लौटना

दिन : अठारह

1 जुलाई 2015

बूदी–धारचूला

सुबह क़रीब पाँच बजे ही मेरी नींद खुल गई। केएमवीएन के इस गर्म बंकर के बाहर बहुत ठंढ थी। बारिश तो नहीं हो रही थी पर बारिश के आसार ज़रूर बने हुए थे। आकाश में घिरे हुए बादल एकदम गाढ़े से दिखाई दे रहे थे। बारिश होना हमारे हक़ में नहीं था।

"देखो जब तक बारिश शुरू न हो पहले तीन चार किलोमीटर का रास्ता पार कर लो। वैसे तो यह पूरा ही रास्ता ख़तरनाक है पर शुरुआत में बहुत पत्थर गिर रहे हैं। बारिश होने लगेगी तो ख़तरा और बढ़ जाएगा।"

आदिं कैलास यात्रा के टीम लीडर ने हमसे कहा। तो हम कुछ और सक्रिय हो गए। मुँह धोकर हमने फटाफट अपने बैग पैक किए। और निकल पड़े आज के स.फ़र पर। हमने तय कर लिया था कि हम आज गाला में रुकने के बजाय सीधे धारचूला जाएँगे। इसलिए हमें क़रीब तीन साढ़े तीन बजे तक गर्भाधार पहुँच जाना होगा जहाँ से हमें धारचूला के लिए गाड़ी मिलनी थी।

कुछ आगे ही बढ़े थे कि हमें अपने आगे कुछ और लोग चलते हुए दिखाई दिए। दो औरतें और एक आदमी हमसे आगे चल रहे थे। उन्हें देखकर हमें कुछ राहत मिल गई थी।

हमारी र.फ़्तार उन लोगों से तेज़ थी इसलिए कुछ ही देर में हम उनसे का.फ़ी आगे पहुँच गए। रास्ते जगह-जगह पर टूटे हुए थे। रास्ते के बग़ल में जो पहाड़ था उससे कहीं-कहीं छोटे-छोटे कंकड़ लुढ़क रहे थे। ये इस बात के संकेत थे कि ऊपर से कभी भी बड़े पत्थर गिर सकते हैं। ग़नीमत थी कि बारिश नहीं हो रही थी वरना पत्थरों के गिरने का ख़तरा कई गुना बढ़ जाता। लेकिन रात भर जो बारिश हुई थी उसकी वजह से पत्थर गिरने का ख़तरा लगातार बना हुआ था।

रास्ते के बग़ल में जो महाकाली नदी बह रही थी उसकी आवाज़ कहीं-कहीं डरा देने की हद तक तेज़ थी। ख़ासकर मोड़ों पर नदी का बहाव इतना तेज़ था कि उसे देखकर लगता कि इसकी चपेट में जो एक बार आ जाए वो बच नहीं सकता।

सामने से कुछ मज़दूर आ रहे थे।

उन्होंने बताया कि कुछ आगे रास्ता बिलकुल टूट गया था। वो उसी रास्ते की मरम्मत करके लौटे थे। कैलास मानसरोवर यात्रा का समय होने की वजह से सरकार की सक्रियता कुछ ज़्यादा थी। कोई और समय होता तो शायद रास्ते की मरम्मत इतनी जल्दी न होती।

लमारी से कुछ आगे बढ़ने पर पता चला कि आईटीबीपी के कुछ जवान भी हमारे हमराही हैं। उन जवानों को मांगती नाला तक जाना था जो गर्भाधार से कुछ आगे है। यह सुनकर एक सहारा-सा मिला। रास्ता ख़तरनाक ही सही पर हम अकेले नहीं थे।

नयल के जंगलों में वो रात इस तरह न बीती होती तो शायद हम कुछ और लापरवाह होते। लेकिन उस रात ने मेरे भीतर एक डर भी पैदा कर दिया था जो जाते हुए बिलकुल नहीं था।

क़रीब दस किलोमीटर चल लेने के बाद नौ बजे के आस-पास हम मालपा में थे। एक बार फिर हम उस जगह पर लौटे जहाँ पे हम जाते हुए ठहरे थे। जाने और लौट आने के बीच आते ये कुछ घंटे भर के पड़ाव न जाने क्यों क्षणिक घरों की तरह लगने लगते हैं। आपके जीवन के वे एक-दो घंटे कुछ अजनबियों के साथ अनाम रिश्ते बना देते हैं। वो रिश्ते जिनसे कोई अपेक्षाएँ नहीं होतीं। लेकिन उन्हें कुछ देर के लिए ही सही महसूसना अच्छा लगता है।

वहाँ बाँस की खपच्चियों से टोकरी बनाता एक बुज़ुर्ग युगल था। और उनकी एक लड़की थी जिसने बताया कि खाने के लिए पराँठे तैयार हैं। इस जनशून्य से इलाक़े में रहते ये लोग ख़ुद को किसी काम में उलझाए रखने के लिए अपने पारंपरिक शिल्प को बचाए हुए हैं या सचमुच ये शिल्प उनकी आजीविका का ज़रिया हैं यह कहना मुश्किल है। पर इन्हें देखकर यह तो पता लगता ही है ये जो छोटी-छोटी शरणगाहें यहाँ बनी हैं वो इनके अपने हाथों का श्रम है। उस श्रम से एक ख़ास लगाव इन्हें तब भी रोके हुए है शायद जब सब लोग सब-कुछ छोड़छाड़ कर आस-पास शहरों में जाकर बस गए हैं। यहाँ जो रह गए हैं उनमें ज़्यादातर बुज़ुर्ग हैं या फिर बच्चे और कुछ युवा जो अपनी छुट्टियाँ मनाने अपने दादा-दादियों के घर चंद दिनों

के मेहमान बनकर लौटे हैं।

हमारे खाना खाने के दौरान आईटीबीपी के वो जवान भी यहाँ आ पहुँचे थे जो हमें कुछ समय पहले रास्ते में मिले थे। उनमें से दो जवान चूल्हे के पास बैठकर चकती पीने लगे। बातों-बातों में एक ने बताया कि वो कहीं दूर कर्नाटक से यहाँ आया है। उसकी पोस्टिंग यहाँ दो महीने के लिए हुई थी और अब कुछ दो हफ़्ते रह गए हैं।

''जब यहाँ आते हैं न तो बस ऊपर वाले से यही प्रार्थना करते हैं कि किसी तरह दो महीने कट जाएँ। हम वर्दी में हैं तो क्या हुआ फटती हमारी भी है। हम भी इंसान ही तो हैं।''

ऐसी असुरक्षा भरी जगहों में सेना के जवानों को देखकर ही आप कुछ सुरक्षित-सा महसूस करने लगते हैं। लेकिन यह वो लम्हा था जब हम उन वर्दी वालों के भीतर छिपी असुरक्षा की भावना से नज़र मिलाए बैठे थे। बात आगे बढ़ी तो दूसरे ने अपना एक अनुभव ही सुना दिया।

''सर एक बार यहीं थोड़ा पीछे लमारी के बाद मैं आ रहा था। मैं कुछ आगे बढ़ गया था और दो साथी पीछे थे। ढलान थी तो एक जगह पैर के नीचे से पत्थर लुढ़क गया और मैं रास्ते से नीचे लटक गया। नीचे काली नदी बह रही थी। उस समय लगा कि आज नहीं बचूँगा। चीखा तो पीछे से साथी भागकर आए। वो तो एक झाड़ी थी जिसे पकड़ लिया वर्ना कहाँ बचता। एक मिनट लगता है साहब यहाँ ज़िंदगी जाने में। बस इसके बाद दिल्ली पोस्टिंग हो जाएगी अगले महीने। यह समय कट जाए बस। साथ के कई मर भी गए बेचारे। हम बचे हैं यह भाग्य है हमारा।''

ये लोग परदेसी थे जिनपर देश की रक्षा की ज़िम्मेदारी थी। कोई केरल का, कोई कर्नाटक का। किसी ने शायद पहाड़ ही पहली बार देखे हों। ऐसी जगह पर रहना ख़ासकर तब जब मौसम का मिज़ाज बिगड़ा हुआ हो किसी बुरे सपने की तरह ही लगता होगा इन्हें। इनसे कुछ पंद्रह-बीस मिनट बात करके इनके भीतर का डर साफ़ नुमाया हो गया था। ज़िंदगी चले जाने के डर से बड़ा आख़िर कौन सा डर होगा।

कुछ देर में इन लोगों से विदा लेकर हम आगे बढ़ गए। अभी चलना

बहुत था। हालाँकि अब आगे के रास्ते में पत्थरों के गिरने का उतना डर नहीं था। लेकिन क़रीब बारह किलोमीटर हम पहले ही चल चुके थे और क़रीब सात किलोमीटर बाद हमें पूरा एक पहाड़ चढ़ना था। उसकी तलहटी से उसकी चोटी तक। और फिर चोटी से हमें नीचे उतरना था।

लखनपुर पहुँचते-पहुँचते हम फिर थक चुके थे। पेट में खाने के लिए फिर जगह बन चुकी थी और फिर हम पहुँच चुके थे उस बूढ़ी मुस्कान के पास जिसे हमने जाते हुए अपने सफ़र का हिस्सा बनाया था।

वो बुज़ुर्ग जो रोज़ सुबह चार किलोमीटर की ढलान उतरते थे और फिर शाम को चार किलोमीटर की चढ़ाई चढ़ते थे। जिस दिन हिम्मत जवाब दे जाती थी उस दिन नदी किनारे अपनी इस छोटी-सी गुमटी में लगी चारपाई पर ही वो रात बिता देते थे।

लखनपुर से हमारे पास यूँ तो विकल्प थे। पहला हम एकदम नदी से लगे रास्ते से तीन किलोमीटर के सीधे रास्ते से गर्भाधार पहुँच जाएँ। पर यह वही रास्ता था जिसपे कल पत्थर गिरने से बच्चे की मौत हुई थी। और यह रास्ता आगे कितना जानलेवा है यह हमें पता भी नहीं था। रास्ते की शुरुआत में ही एक बोर्ड लगा था जिसपर लिखा था- सावधान, इस रास्ते से न जाएँ, आगे पत्थर गिरने का ख़तरा है। लेकिन जल्दी पहुँचने के चलते कल जो माँ अपने बच्चे को इस रास्ते से ले गई होगी वो आज पछता रही होगी। क्योंकि यह रास्ता उसका बच्चा लील चुका था। मैं इस रस्ते से जाने के पक्ष में बिलकुल नहीं था। और बुज़ुर्ग भी हमें आगाह कर चुके थे, "लोग तो जाते ही हैं, पर आप मत जाओ। आपको आइडिया भी नहीं है।"

दूसरा रास्ता बहुत थकाऊ था और मेहनत माँगता था। चार किलोमीटर का यह खड़ा पहाड़ चढ़ना क़रीब सत्रह किलोमीटर चल चुकने के बाद बहुत मुश्किल था। लेकिन जान ख़तरे में डालने और मुश्किल रास्ते को चुनने का विकल्प आपको मिले तो बहुत स्वाभाविक है आप जान बचाना ही ज़्यादा पसंद करेंगे।

हम फ़ैसला ले ही रहे थे कि रास्ते में मिली दो महिलाएँ और एक आदमी भी यहाँ पहुँचे और उन्होंने बताया कि वो भी चढ़ाई चढ़कर ही

जाएँगे और उन्हें भी धारचूला ही जाना है।

हालाँकि रोहित अब भी नीचे के रास्ते से जाने के पक्ष में लग रहा था पर आख़िरकार हमने पहाड़ चढ़ना ही चुना। वैसे भी हम क़रीब-क़रीब दो सौ किलोमीटर की पैदल यात्रा पिछले सत्रह दिनों में कर चुके थे। अब आज की यात्रा के बाक़ी बचे सात किलोमीटर हमें किसी तरह चढ़ने-उतरने थे।

चाय पीने और छोले खाने के बाद हमने बुज़ुर्ग से विदा ली। एक बार उस पहाड़ को देखा जो हमारे सिर पर खड़ा था और जिसे हमें अगले कुछ घंटों में चढ़ना था। और फिर हमने उस पगडंडी पर क़दम बढ़ा दिए जो हमें पहाड़ की तलहटी से उसकी चोटी की तरफ़ ले जाने वाली थी।

बादलों का घिरना यहाँ के लिए एक अच्छी बात हो गई थी। अगर यही चढ़ाई हमें चढ़ती धूप में चढ़नी होती तो वो शायद बदन सुखाने वाली हो सकती थी। पर यहाँ मौसम सर्द था जिसे लगातार चलने से शरीर में पैदा हो रही गर्माहट असरहीन कर रही थी। जैसे-जैसे हम ऊपर चढ़ते जा रहे थे साँसें जल्दी-जल्दी फूलने लगी थीं। थोड़े-थोड़े अंतराल पे हमें रुकना पड़ रहा था और महसूस हो रहा था कि यह चढ़ाई जितनी मुश्किल लग रही थी उससे कहीं ज़्यादा मुश्किल थी।

रास्ते में बैठने के लिए बनाई गई एक छोटी-सी शेल्टर थी जहाँ हमें हमसे कुछ पहले निकली दो औरतें और एक आदमी सुस्ताते हुए मिल गए। आपस में हो रही उनकी बातों से पता चला कि उनके पास पानी नहीं बचा है तो हमने पानी की बोतल उनकी ओर बढ़ा दी और बदले में उन्होंने अपने हाथ में रखी जूस की बोतल हमें दे दी। यही आदान-प्रदान हमारी बातचीत का प्रस्थान बिंदु बन गया। यात्रियों के बीच होने वाले ऐसे ही छोटे-छोटे आदान-प्रदान उस अनाम रिश्ते को जन्म देते हैं जो बस इसलिए बन जाता है कि आप सहयात्री होते हैं।

बातचीत में पता चला कि वो धारचूला में रहते हैं। गुंजी के पास ही उनका गाँव है जहाँ से वो लौट रहे हैं।

दोनों महिलाएँ और पुरुष आपस में जिस तरह से मज़ाक़ कर रहे थे

उससे उनका आपस में जीजा साली जैसा कोई रिश्ता समझ आ रहा था। पर हमारे लिए यह जानना उतना ज़रूरी था भी नहीं। उनके बीच की ये नोंक-झोंक सफ़र की एकरसता को कुछ कम ज़रूर कर गई थी। नए चेहरे और उनकी नई बातें लंबे सफ़र के दौरान आपकी थकान को जादुई रूप से कम कर देते हैं।

शाम घिरने को थी और हम बिंधयाकोटी की इस लंबी और थकाऊ चढ़ाई को चढ़ चुके थे। यह एहसास किसी जंग को फ़तह कर लेने से कम नहीं था। यहाँ से नीचे उस अनंत गहराई में देखने पर एहसास हो रहा था कि हम किस दुरूहता को तय कर आए हैं। अब हमें नीचे उतरना था। लगातार तीन किलोमीटर।

ऊपर एक ढाबे पर हमने धारचूला की उस तिकड़ी के साथ ही चाय पी। उन्होंने ज़बरदस्ती हमारी चाय के पैसे भी दे दिए। उनमें से एक महिला ने मुझे देखकर कहा कि उन्हें ऐसा लग रहा है कि मैं कभी उनके घर आया हूँ। मैंने उस ख़ूबसूरत महिला को ग़ौर से देखा। वो चेहरा एकदम अजनबी था।

"लग रहा है कि आप मेरे देवर के साथ कभी आए हो। आपकी शकल उसके दोस्त से एकदम मिल रही है।"

मैंने उन्हें बताया कि हमारे बीच जान-पहचान को कोई सिरा नहीं है।

दूसरी महिला ने चुटकी लेते हुए कहा, "तो अब तो जान ही गए हो... कभी आ जाना घर।"

ये कहकर वो खिलखिला दी। इस खिलखिलाहट में एक उन्मुक्तता थी। बंदिशों से आज़ाद एक उन्मुक्त खिलखिलाहट इस जनशून्य इलाक़े में कहीं बिखर गई। हरे-हरे पहाड़ कुछ और ताज़ा लगने लगे हों जैसे।

चाय पीकर हमने अपने सफ़र के अंतिम चरण की शुरुआत की। चढ़ाई चढ़ते हुए हमें लगा था कि ढलान को उतरना आसान होगा पर उतरते हुए यह धारणा एकदम शुरुआत में धराशाई हो गई। हमारी जाँघें जैसे जाम हो गई-सी लग रही थीं। थोड़ा-सा चलकर ही पैर दर्द करने लग जाते। उतरते हुए आपके शरीर का सारा भार पैरों के निचले हिस्से पर ही बना रहता है।

इसलिए टखने अब दर्द करने लगे थे। क़रीब दो किलोमीटर नीचे गर्भा गाँव दिखाई देने लगा था। धार मतलब होता है चढ़ाई। गाँव तक पहुँचने के लिए जो चढ़ाई थी उसी वजह से उस जगह का नाम गर्भाधार था जहाँ हमें पहुँचना था और जहाँ से हमें धारचूला के लिए गाड़ी मिलनी थी।

कुछ नीचे उतरते हुए हमें गिद्धों का एक झुंड दिखाई दिया। गिद्ध अब विलुप्त होती प्रजातियों में शामिल हैं। इस पूरी यात्रा में हमें अभी पहली बार गिद्ध दिखाई दिए थे।

गर्भा गाँव में हमें कुछ बच्चे मिले जिन्होंने बताया अब एक किलोमीटर नीचे उतरकर हम सड़क पर होंगे। सड़क पर पहुँचते-पहुँचते हम थककर चूर-चूर हो गए थे और जब नीचे पहुँचे तो एक सरप्राइज़ हमारा इंतज़ार कर रहा था।

हमें बताया गया कि यही कोई आधा किलोमीटर आगे एक बहुत बुरा भूस्खलन हुआ है इसलिए गाड़ियाँ मांगती नाला नाम की जगह तक आ रही हैं जो यहाँ से तीन किलोमीटर आगे है। चार बजने को था। गाड़ियाँ मिलने का वक़्त अब जा रहा था। हमें तीन किलोमीटर और चलना था। रात में रुकने का यहाँ कोई विकल्प था नहीं इसलिए हमारी मजबूरी थी कि हमें आगे बढ़ना ही था।

अपने थके हुए शरीरों को घसीटते हुए हम आगे बढ़ रहे थे। आगे जो देखा उसे देखकर एकबारगी जान सूख गई। सड़क एक जगह जाकर ख़त्म-सी हो गई थी। उसके ऊपर चट्टान से बड़े-बड़े पत्थर टूट कर गिरे थे और चट्टान पर अब भी बड़े-बड़े चीरे थे। चट्टान को देखकर लग रहा था कि इससे और पत्थर कभी भी गिर सकते हैं। पर हमारे पास कोई और रास्ता था नहीं। हमें सड़क पर गिरे हुए इन पत्थरों के ऊपर चढ़कर आगे बढ़ना था। और हमारी एक छोटी-सी ग़लती जानलेवा हो सकती थी। क्योंकि इन पत्थरों पर होने वाली किसी भी हलचल से पूरी तरह से छितराई हुई-सी चट्टान भरभराकर गिर सकती थी।

जान हथेली पर रखकर एकदम दबे पाँव हम इन पत्थरों पर चढ़ने लगे। बहुत सँभलकर हमने सड़क के उस हिस्से को पार किया जिसपर ये

जानलेवा पत्थर गिरे थे। इस जगह को पार करके एक गहरी साँस ली। हम बच गए थे।

आगे भी सड़क के हाल ख़राब थे। चट्टानें एकदम ग़ुस्से में लग रही थीं। कुछ देर पहले ही चट्टान से गिरे छोटे-छोटे पत्थर सड़क पर लगातार बिखरे हुए मिल रहे थे। अगले कुछ किलोमीटर तक कब कहाँ से पत्थर गिर जाए कोई भरोसा नहीं था।

मांगती भी आ चुका था। वहाँ पता चला कि कुछ आगे सड़क और ख़राब है। गाड़ी मिलेगी तो क़रीब एक किलोमीटर बाद। यह पड़े पर दो लात और सही वाला मामला था। हम बिना ज़्यादा सोचे आगे बढ़ गए। क़रीब एक किलोमीटर चलने के बाद पीछे से किसी गाड़ी की आवाज़ आई। गाड़ी हमारे पास पहुँची तो हमने हाथ दिया। पर ड्राइवर ने रोकी नहीं। यह एक यूटिलिटी वैन थी जिसके पीछे के खुले हिस्से में हमारे साथ आए दो महिला और एक पुरुष बैठे हुए थे। उन्होंने चीखकर ड्राइवर को कहा कि वो गाड़ी रोक दे। ड्राइवर ने इशारे में बताया कि यहाँ गाड़ी रोकने में ख़तरा है हम कुछ आगे आएँ। कुछ आगे चलकर उसने गाड़ी रोकी और हमें जल्दी-जल्दी बैठने को कहा। क्योंकि यहाँ पत्थर गिरने का ख़तरा था।

बैठना क्या था किसी तरह फिट ही होना था सो हम हो गए। ऊपर से पानी बरसने लगा था। और हम इस खुली गाड़ी में भीगने लगे थे। कुछ आगे जाकर ड्राइवर ने गाड़ी रोकी और पीछे के हिस्से को बरसाती से ढक दिया। इस जगह पर कुछ और लोग गाड़ी में चढ़ गए जिससे पीछे तिलभर रखने की जगह न बची। साथ की उन महिलाओं ने दो-तीन सवारियों को ज़बरदस्ती उतरवा दिया क्योंकि उनके मुँह शराब से बुरी तरह महक रहे थे। गाड़ी आगे बढ़ी। ड्राइवर ने गाड़ी को हवाई जहाज़ बना दिया था क्योंकि उसे डर था कि कहीं रास्ते में भूस्खलन हो गया तो हम बीच में ही फँस जाते।

दो घंटे की यातना भरी यात्रा के बाद आख़िरकार हम लुटे-पिटे बुरी तरह थके धारचूला पहुँचे। धारचूला के बाज़ार में अब भी रौनक़ थी। ऐसा लग रहा था कि हम किसी दूसरी दुनिया से आ रहे हों और यह एकदम अलग दुनिया हो।

केएमवीएन के गेस्ट हाउस का वो कमरा अभी हमें किसी फ़ाइव स्टार होटल के कमरे की तरह लग रहा था। रात के आठ बजे रोहित और मेरे हाथ में बियर थी। सामने प्लेट पर चिकन लॉलीपॉप था। धारचूला की हल्की गर्मी में इस चिल्ड बियर का हल्का-हल्का सुरूर धीरे-धीरे हमारी थकान को ख़ुद में जज़्ब कर रहा था। आँखों में इन अठारह दिनों के अनुभवों से मिली न जाने कितनी छवियाँ मोंताज की तरह आ-जा रही थीं। कितने सारे चेहरे दिमाग़ में कौंध रहे थे। हम शरीर से तो थम गए थे, पर मन से अभी भी गतिमान थे। डबल बेड पर पंखे के नीचे बैठे हुए अभावों और असुरक्षा की वो रात याद आ रही थी जो किसी दुःस्वप्न सी थी। पर कितना कुछ देख लिया था उस एक रात में! अनिश्चितता का रोमांच, जीवन बचाने का संघर्ष, लगातार ख़त्म होती जाती उम्मीद, हताशा, भय और आख़िर में ख़ुद को बचा ले जाने का भाव विह्वल-सा कर देने वाला संतोष। मैं सोच रहा था कि उस रात का अनुभव न होता तो क्या यह यात्रा इतनी रोचक और यादगार बन पाती?

इस पूरी यात्रा का हासिल आख़िर था क्या? कई अच्छे-बुरे अनुभव तो थे ही, साथ ही एक सीख भी कि ऐसी जगहें जिनके बारे में आप कुछ ख़ास नहीं जानते वहाँ किसी अनहोनी से बचने के दो तरीक़े हैं। पहला, अनहोनी से बचने की पूरी दुनियावी तैयारी- जो हमारे पास नहीं थी। और दूसरा, ज़िंदगी को लेकर उमंग और दृढ़ इच्छाशक्ति। शायद यह दूसरी चीज़ ही थी हमारे पास कि हम इस यात्रा से तमाम मुश्किलों के बावजूद सुरक्षित लौट आए थे। शायद यह दूसरी चीज़ ही है जो हमें फिर से नई यात्राओं की तरफ़ हाथ पकड़ कर खींच लाएगी।

संदर्भ

- HIMALAYAN HERITAGE by J.P.Singh Rana
- HISTORY OF KAILAS MANSAROVAR by Swami Pranavanand.
- MAN AND DEVELOPMENT IN THE HIMALAYAS by A.K.Kapoor and Dharmvir singh.
- MARRIAGE AND CUSTOMS OF TRIBES OF INDIA by J.P.Singh rana
- THE HIMALAYAS AND ANTHROPLOGICAL PERSPECTIVE by Makhan Jha
- WEEKS IN PARADISE: EXPLORING THE ADI KAILASH RANGE, Article by Martin Moran
- THE WORLD OF NOMADS by Dr S.S.Shashi
- SOCIAL ECOLOGY AND DEMOGRAPHIC STRUCTURE OF BHOTIYAS : NARRATIVE AND DISCOURSES by Chitranjan Das
- PEAKS AND PASSES IN KUMAON HIMALAYA by Harish Kapadiya
- MERA PAHAD : Webiste